頭にしみこむ
メモリータイム！

寝《ね》る前5分
暗記ブック

小5

Gakken

もくじ

もくじ 2

この本の特長と使い方 6

★英語

1. 生き物 7
2. 野菜・果物 9
3. 食べ物・飲み物 11
4. 学校・スポーツ 13
5. 色・服・身につけるもの 15
6. 数 17

★算数

1. 小数のかけ算 19
2. 小数のわり算 21
3. 体積 23
4. 合同な図形 25
5. 倍数と約数 27
6. 平均・単位量あたりの大きさ 29
7. 約分と通分 31
8. 分数の計算 33
9. 図形の角 35
10. 面積 37
11. 割合 39
12. 円と正多角形 41
13. 角柱と円柱 43

★理科

1. 天気の変わり方 45
2. 台風の接近と天気 47
3. 発芽の条件 49
4. 発芽と養分 51
5. 植物の成長の条件 53
6. メダカのふえ方 55
7. 水の中の小さな生物 57
8. 花のつくり 59
9. 花粉のはたらき 61
10. 人の子どもの成長 63
11. 流れる水のはたらき 65
12. 流れる水と変化する大地 67
13. 川とわたしたちの生活 69
14. 水よう液の性質と重さ 71
15. 水にとけるものの量 73
16. とかしたもののとり出し方 75
17. 電磁石の極 77
18. 電磁石の強さ 79
19. ふりこの決まり 81

毎日ちょっとずつ
でいいんだよ。

★社会

1. 地球のすがた 83

2. 日本の国土 85

3. 日本の地形の特色 87

4. 日本の気候の特色 89

5. 地形や気候とくらし 91

6. 稲作《いなさく》がさかんな地《ち》域《いき》 93

7. 畑作・畜産《ちくさん》がさかんな地域 95

8. 日本の漁業 97

9. これからの食料生産 99

10. 自動車をつくる工業 101

11. 工業のさかんな地域 103

12. いろいろな工業 105

13. 日本の工業の特色 107

14. 日本の貿易《ぼうえき》と運《うん》輸《ゆ》 109

15. 情報《じょうほう》を伝える 111

16. 情報を使いこなす 113

17. 森林とともに生きる 115

18. 環境《かんきょう》を守る生活 117

19. 自然災害《さいがい》を防《ふせ》ぐ 119

★国語 ※国語は後ろ側から始まります。

1. おぼえておきたい漢字① 158
2. おぼえておきたい漢字② 156
3. おぼえておきたい漢字③ 154
4. おぼえておきたい漢字④ 152
5. おぼえておきたい漢字⑤ 150
6. 漢字の成り立ち① 148
7. 漢字の成り立ち② 146
8. いろいろな音《おん》をもつ漢字 144
9. いろいろな訓をもつ漢字 142
10. 送りがな 140
11. 二字熟語《じゅくご》の組み立て① 138
12. 二字熟語の組み立て② 136
13. 同じ読みの熟語や漢字 134
14. 特別な読み方をする言葉 132
15. 和語・漢語・外来語 130
16. 複合語《ふくごうご》 128
17. 敬語《けいご》①（尊敬語《そんけいご》） 126
18. 敬語②（けんじょう語とていねい語） 124
19. 話し言葉と書き言葉 122

この本の特長と使い方

★この本の特長

暗記に最も適《てき》した時間「寝《ね》る前」で、効率《こうりつ》よく暗記！

この本は、「寝る前の暗記が記憶《きおく》の定着をうながす」というメソッドをもとにして、小5の重要なところだけを集めた参考書です。

暗記に最適な時間を上手に活用して、小5の重要ポイントを効率よくおぼえましょう。

★この本の使い方

この本は、1項目《こうもく》2ページの構成《こうせい》になっていて、5分間で手軽に読めるようにまとめてあります。赤フィルターを使って、赤文字の要点をチェックしてみましょう。

①

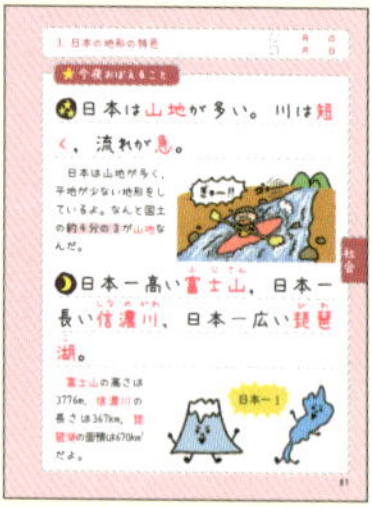

②

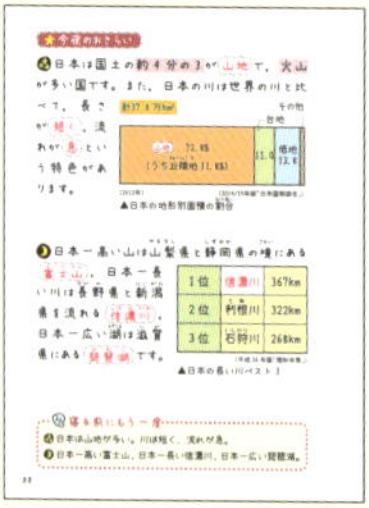

①1ページ目の「今夜おぼえること」（英語では「今夜の単語」）では、その項目の重要ポイントを、語呂《ごろ》合《あ》わせや図解《ずかい》でわかりやすくまとめてあります。

②2ページ目の「今夜のおさらい」では、1ページ目の内容をやさしい文章でくわしく説明しています。読み終えたら、「寝る前にもう一度」で重要ポイントをもう一度確《かく》認《にん》しましょう。

1. 生き物

□ 月 日
□ 月 日

★今夜の単語

dog《ドーグ》 犬

cat《キャット》 ねこ

bird《バ〜ド》 鳥

mouse《マウス》 ねずみ

rabbit《レァビト》 うさぎ

pig《ピーグ》 ぶた

fish《フィシュ》 魚

- cow《カーウ》 牛
- lion《ライアン》 ライオン
- bear《ベアァ》 くま
- tiger《ターイガァ》 とら
- koala《コウアーラ》 コアラ
- horse《ホース》 馬
- panda《ペァンダ》 パンダ
- monkey《マンキ》 さる

★今夜のおさらい

イラストに合う単語を選ぼう。

cow《カーウ》 ・ pig《ピーグ》

fish《フィシュ》 ・ bear《ベアァ》

mouse《マウス》 ・ horse《ホース》

イラストに合う単語になるように、□にアルファベットを入れて、パズルを完成させよう。

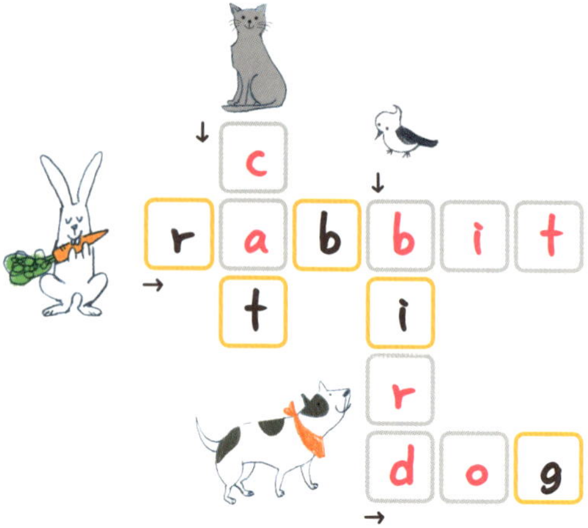

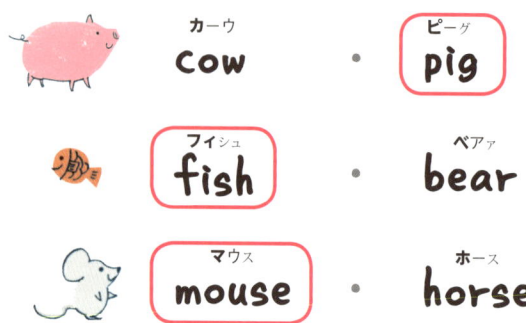

2. 野菜・果物

□ 月 日
□ 月 日

★今夜の単語

carrot《キャロト》
にんじん

corn《コーン》
とうもろこし

potato《ポテイトウ》
じゃがいも

tomato《トメイトウ》
トマト

apple《エアポウ》
りんご

orange《オーリンヂ》
オレンジ

banana《バネァナ》
バナナ

melon《メロン》
メロン

- onion《アニョン》 たまねぎ
- cabbage《キャベヂ》 キャベツ
- pumpkin《パンプキン》 かぼちゃ
- cucumber《キューカンバァ》 きゅうり
- peach《ピーチ》 もも
- grapes《グレイプス》 ぶどう
- kiwi fruit《キーウィフルート》 キウイフルーツ

★今夜のおさらい

イラストに合う単語を選ぼう。

orange《オーリンヂ》 ・ onion《アニョン》

banana《バネァナ》 ・ grapes《グレイプス》

cabbage《キャベヂ》 ・ carrot《キャロト》

アルファベットを並《なら》べかえて，イラストに合う単語を完成させよう。

[c, n, o, r] ⇒ corn《コーン》

[a, o, o, p, t, t] ⇒ potato《ポテイトウ》

[a, e, l, p, p] ⇒ apple《エァポウ》

[e, l, m, n, o] ⇒ melon《メロン》

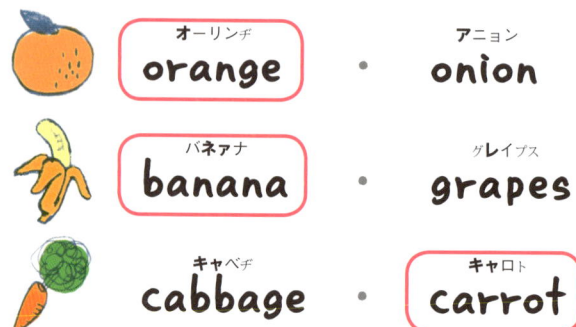

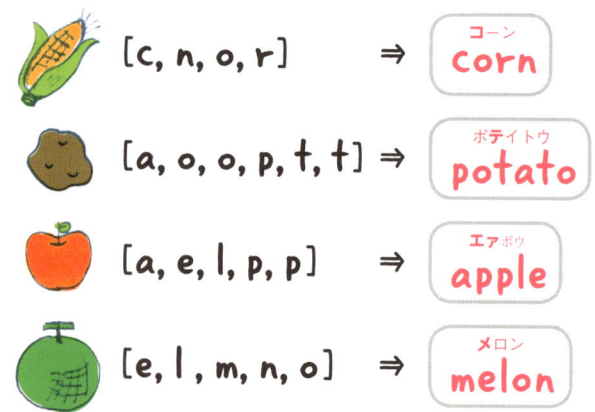

★ 今夜の単語

- **tea** (ティー) 紅茶
- **omelet** (アムレト) オムレツ
- **spaghetti** (スパゲティ) スパゲッティ
- **hot dog** (ハッドーグ) ホットドッグ
- **soup** (スープ) スープ
- **sandwich** (セァンドウィチ) サンドイッチ
- **hamburger** (ヘァンバガァ) ハンバーガー
- **ice cream** (アイス クリーム) アイスクリーム

英語

★今夜のおさらい

イラストに合う単語を選ぼう。

tea《ティー》 ・ milk《ミウク》

rice《ライス》 ・ soup《スープ》

英語では「パン」と言わないよ。

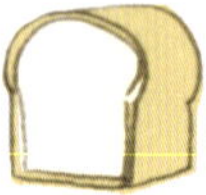

omelet《アムレト》 ・ bread《ブレッド》

イラストに合う単語になるように、□にアルファベットを入れて、パズルを完成させよう。

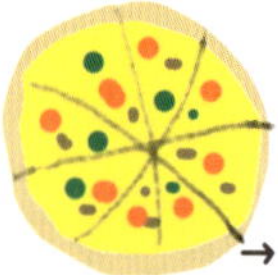

			j			
			u			s
		p	i	z	z	a
			c			l
c	a	k	e			a
						d

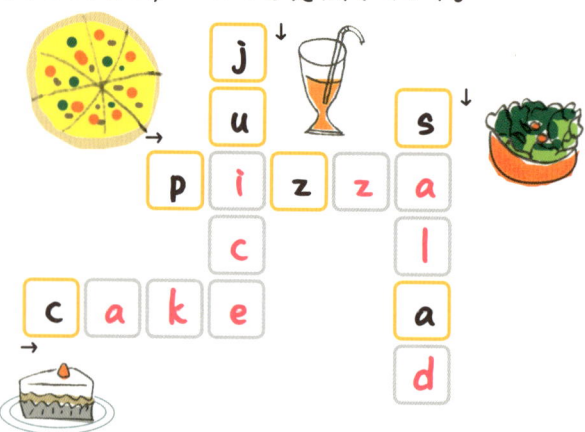

★今夜の単語

book《ブック》

本

desk《デスク》

机《つくえ》

chair《チェアァ》

いす

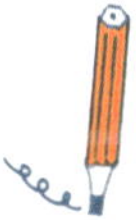

pencil《ペンスゥ》

えんぴつ

English《イングリシュ》

英語

music《ミューズィク》

音楽

soccer《サーカァ》

サッカー

tennis《テニス》

テニス

- baseball《ベイスボーゥ》 野球
- swimming《スウィミング》 水泳
- friend《フレンド》 友達
- P.E.《ピーイー》 体育
- math《メァス》 算数
- science《サーイエンス》 理科
- Japanese《ヂェァパニーズ》 国語，日本語

★今夜のおさらい

イラストに合う単語を選ぼう。

desk《デスク》 ・ friend《フレンド》

music《ミューズィク》 ・ science《サーイエンス》

Japanese《ヂェァパニーズ》 ・ English《イングリシュ》

アルファベットを並《なら》べかえて，イラストに合う単語を完成させよう。

[b, k, o, o] ⇒ book《ブック》

[a, c, h, i, r] ⇒ chair《チェアァ》

[c, e, i, l, n, p] ⇒ pencil《ペンスウ》

[c, c, e, o, r, s] ⇒ soccer《サーカァ》

5. 色・服・身につけるもの

□　月　日
□　月　日

★今夜の単語

hat《ヘアト》 ぼうし

white《フワーイト》 白

yellow《イエロウ》 黄

bag《ベアグ》 かばん

blue《ブルー》 青

green《グリーン》 緑

red《レッド》 赤

T-shirt《ティーシャ～ト》 Tシャツ

- black《ブレアク》 黒
- brown《ブラウン》 茶色
- pants《ペアンツ》 ズボン
- shoes《シューズ》 くつ
- pink《ピンク》 ピンク
- purple《パ～ポウ》 むらさき
- skirt《スカ～ト》 スカート

★今夜のおさらい

イラストに合う単語を選ぼう。

pants《ペァンツ》 ・ bag《ベァグ》

shoes《シューズ》 ・ hat《ヘァト》

T-shirt《ティーシャ〜ト》 ・ skirt《スカ〜ト》

円の色に合う単語になるように、□にアルファベットを入れて，パズルを完成させよう。

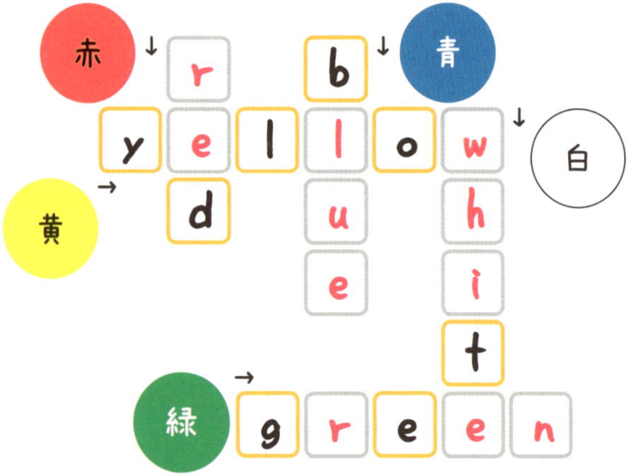

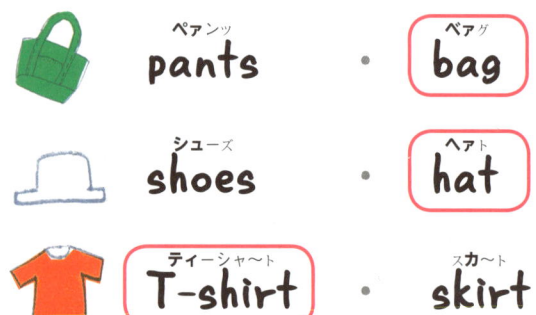

6. 数

□ 月 日
□ 月 日

★今夜の単語

one《ワン》 1

two《トゥー》 2

three《スリー》 3

four《フォーァ》 4

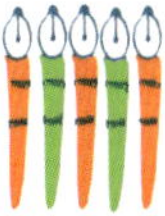
five《ファーイヴ》 5

six《スイクス》 6

seven《セヴン》 7

eight《エイト》 8

nine《ナーイン》 9

ten《テン》 10

- eleven《イレヴン》 11
- twelve《トウエウヴ》 12
- thirteen《サ〜ティーン》 13
- fourteen《フォーティーン》 14
- fifteen《フィフティーン》 15
- sixteen《スィクスティーン》 16

★今夜のおさらい

数に合う単語を選ぼう。

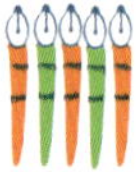

four《フォーァ》 ・ five《ファーイヴ》

six《スィクス》 ・ seven《セヴン》

nine《ナーイン》 ・ eight《エイト》

計算の答えを英語で言おう。

8−7＝ one《ワン》(1)

2×5＝ ten《テン》(10)

120÷60＝ two《トゥー》(2)

36÷12＝ three《スリー》(3)

1から順番に言えるようになろう。

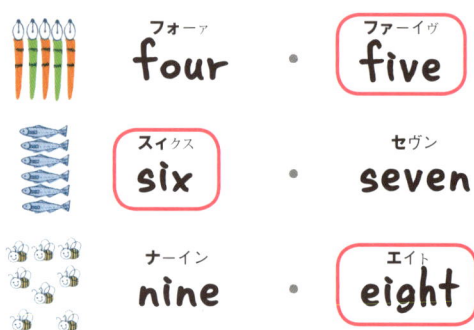

★今夜おぼえること

積の小数点▶かけられる数とかける数の小数点の右にあるけた数の和にそろえよう！

例　小数点の右にあるけた数

```
    4.8 6 ……2けた
×     1.3 ……1けた
───────
 1 4 5 8      ↓ 2＋1
 4 8 6
───────
 6.3 1 8 ……3けた
   3 2 1
```

小数点がないものとして計算しよう。

計算のきまりは小数でもオッケー！

計算のきまり

下のきまりは，小数のときも成り立つよ。

- ■×●＝●×■　入れかえてもオッケー
- (■×●)×▲＝■×(●×▲)　計算の順序を変えてもオッケー
- (■＋●)×▲＝■×▲＋●×▲
- (■－●)×▲＝■×▲－●×▲

まとめてかけても，ばらばらにかけてもオッケー

★今夜のおさらい

★小数のかけ算の筆算では、**小数点がない**ものとして計算します。

積の小数点は、かけられる数とかける数の**小数点の右にあるけた数**の（和）だけ、（右）から数えてうちます。

小数点の右にあるけた数

```
     0.1 5   …(2)けた
×     1.4    …(1)けた
     ─────         │2＋1
       6 0         ↓
     1 5
     ─────
   0.2 1 0̸   …(3)けた
```

0 をおぎなう。（0.210 の一の位の 0）

終わりの 0 は消す。（0.210 の最後の 0）

☽計算のきまりを使って、**くふうした計算**ができます。

㋐ □×○＝○×□
㋑ (□×○)×△＝□×(○×△)
㋒ (□＋○)×△＝□×△＋○×△
㋓ (□－○)×△＝□×△－○×△

例

㋑…6.3×4×2.5＝6.3×(4×2.5)

＝6.3×（10）＝（63）

㋓…9.9×3＝(10－（0.1）)×3

＝10×3－（0.1）×3

＝30－（0.3）＝（29.7）

寝る前にもう一度

- ★積の小数点 ▶ かけられる数とかける数の小数点の右にあるけた数の和にそろえよう！
- ☽計算のきまりは小数でもオッケー！

2. 小数のわり算

□ 月 日
□ 月 日

★今夜おぼえること

計算の準備《じゅんび》▶小数点を移《うつ》して、わる数を整数に。

例

2.6）4.1 3 ➡ 2、6）4、1.3

小数÷整数に変身！

ボクも右に移らなきゃ！

これで準備オッケー！さあ計算だ！

商とあまりの小数点▶商はわられる数の移した小数点に、あまりはもとの小数点にそろえる。

例

```
          1.5
2、6）4、1.3
       2 6
       1 5 3
       1 3 0
       0.2 3
```

←商の小数点は、わられる数の右に移した小数点にそろえてうつ。

←あまりの小数点は、わられる数のもとの小数点にそろえてうつ。

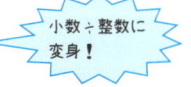

★今夜のおさらい

小数のわり算の筆算では，わる数とわられる数の小数点を**同じ**けた数だけ**右**に移《うつ》し，**わる数を整数にして**計算します。

商の小数点は，**わられる数**の**右に移した**小数点にそろえてうちます。

あまりの小数点は，わられる数の**もと**の小数点にそろえてうちます。

例

6、4) 1、6

小数点を右に **1** けた移す。

```
        0.2 5
6、4 ) 1、6 0
       1 2 8
         3 2 0
         3 2 0
             0
```

わりきれた！

商の小数点はここにうつ。

0をつけたしてわり進めることができる。

9、7) 3 1、2

小数点を右に **1** けた移す。

```
           3
9、7 ) 3 1、2
       2 9 1
         2.1
```

あまりの小数点はここにうつ。

寝る前にもう一度

- 計算の準備《じゅんび》▶小数点を移して，わる数を整数に。
- 商とあまりの小数点▶商はわられる数の移した小数点に，あまりはもとの小数点にそろえる。

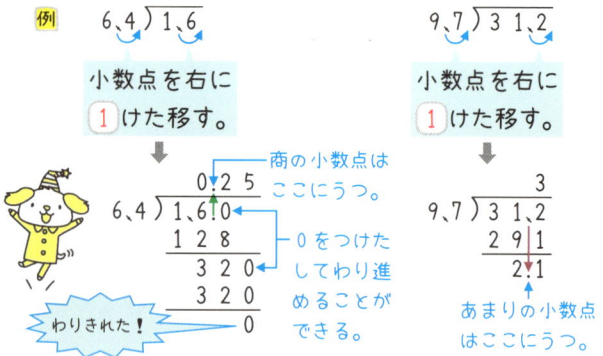

3. 体積

□　　月　　日
□　　月　　日

★ 今夜おぼえること

直方体の体積《たいせき》＝たて×横×高さ

立方体の体積＝1辺×1辺×1辺

例

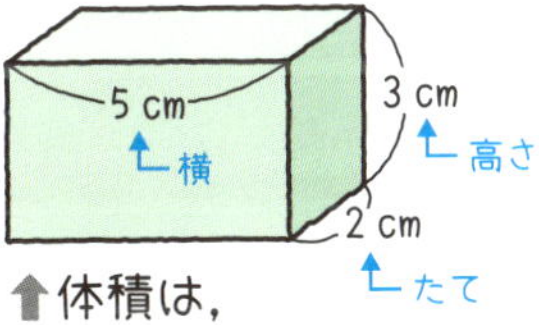

⬆体積は，

$2 \times 5 \times 3 = 30$ (cm³)

（2：たて　5：横　3：高さ）

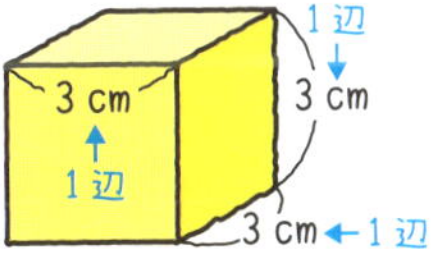

⬆体積は，

$3 \times 3 \times 3 = 27$ (cm³)

（3：1辺　3：1辺　3：1辺）

体積や容積の単位▶ 1 m³ は100万cm³

1 L は1000cm³

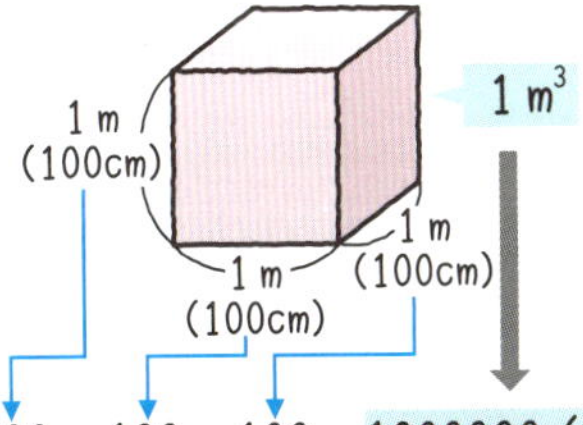

$100 \times 100 \times 100 = 1000000$ (cm³)

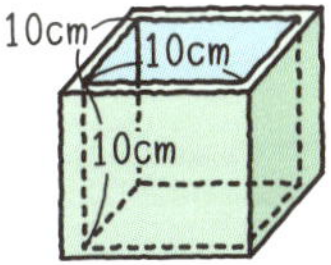

1Lます

⬇

入る水の体積は，

$10 \times 10 \times 10$

$= 1000$ (cm³)

算数

★今夜のおさらい

もののかさのことを体積《たいせき》といいます。1辺が1cmの立方体の体積は 1 cm^3 です。

直方体や立方体の体積の公式は，次のようになります。

直方体の体積＝たて×横×高さ
立方体の体積＝1辺×1辺×1辺

例　たて6cm，横8cm，高さ12cmの直方体の体積
➡6×8×12＝576（cm^3）
1辺が7cmの立方体の体積
➡7×7×7＝343（cm^3）

1辺が1mの立方体の体積は 1 m^3 です。

$1m^3$＝1000000 cm^3

入れ物の大きさを容積《ようせき》といい，その入れ物いっぱいに入る水などの体積で表します。

1L＝1000 cm^3　1mL＝1 cm^3

寝る前にもう一度

- 直方体の体積＝たて×横×高さ
  立方体の体積＝1辺×1辺×1辺
- 体積や容積の単位▶ $1m^3$は100万 cm^3，1Lは1000cm^3

★今夜おぼえること

ぴったり重なる図形は合同《ごうどう》。

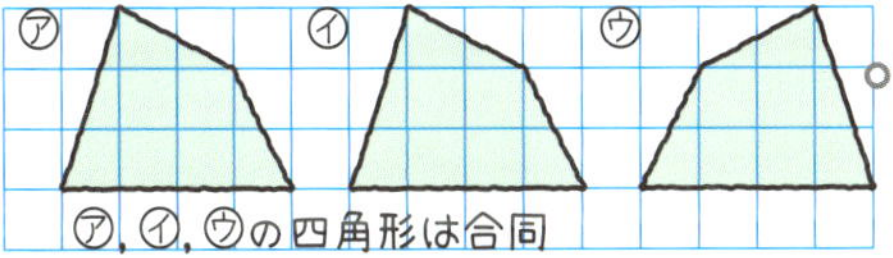

㋒は，㋐や㋑をうら返した図形。

算数

合同な三角形のかき方 ▶ 次の辺の長さや角の大きさを使ってかく。

㋐ 3つの辺

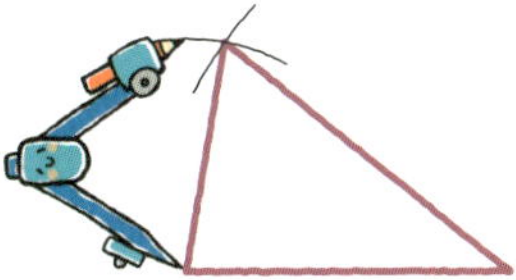

㋑ 2つの辺とその間の角

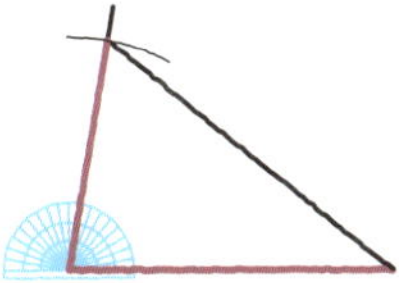

㋒ 1つの辺とその両はしの角

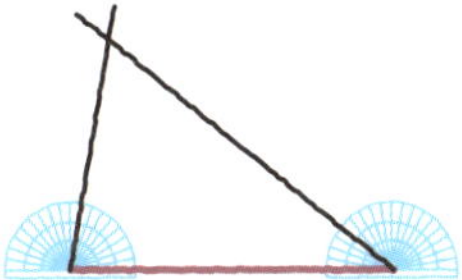

★今夜のおさらい

ぴったり重ね合わすことのできる２つの図形は，**合同**《ごうどう》であるといいます。

合同な図形では，**対応**《たいおう》する（重なり合う）辺の長さや角の大きさは**等しく**なっています。

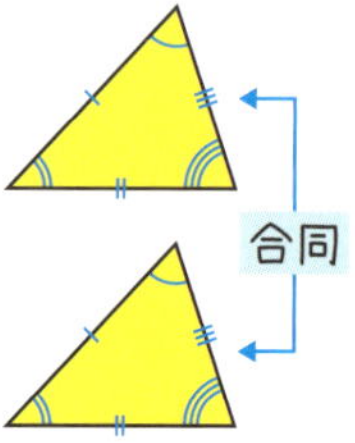

合同な三角形は，次の㋐，㋑，㋒のどれかを使ってかくことができます。

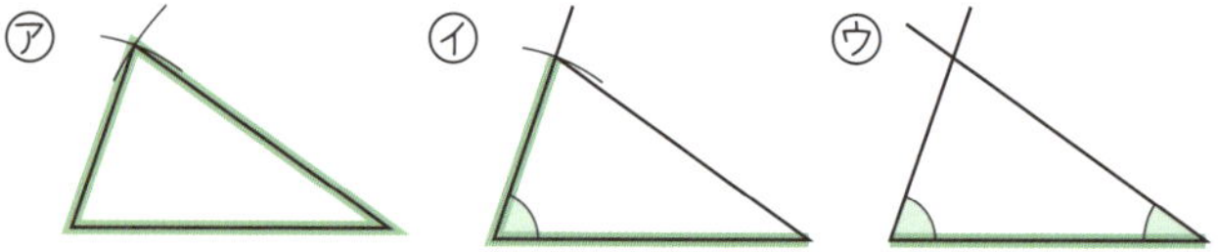

㋐ ３つの辺の長さ

㋑ ２つの辺の長さとその間の角の大きさ

㋒ １つの辺の長さとその両はしの角の大きさ

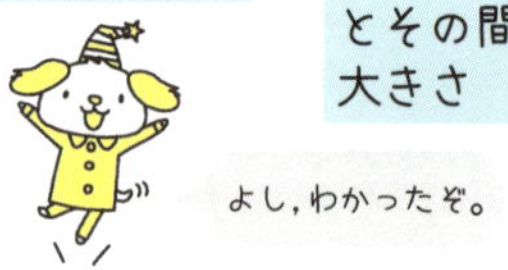

寝る前にもう一度

- ぴったり重なる図形は合同。
- 合同な三角形は，㋐３つの辺の長さ，㋑２つの辺の長さとその間の角の大きさ，㋒１つの辺の長さとその両はしの角の大きさの，どれかを使ってかく。

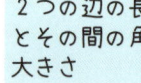

★今夜おぼえること

公倍数《こうばいすう》の見つけ方 ▶ 大きいほうの数の倍数《ばいすう》から見つけるのが楽ちん。

例　4と6の公倍数は？

大きいほうの6の倍数を見つける。（6に整数をかけてできる数）

➡ 6，⑫，18，㉔，30，㊱，…　4の倍数に○をつける。（4でわりきれる数）

共通な倍数が公倍数

いちばん小さい公倍数12が最小公倍数《さいしょうこうばいすう》

公約数《こうやくすう》の見つけ方 ▶ 小さいほうの数の約数《やくすう》から見つけるのが楽ちん。

例　16と24の公約数は？

小さいほうの16の約数を見つける。（16をわりきれる数）

➡ ①，②，④，⑧，16　24の約数に○をつける。（24をわりきれる数）

共通な約数が公約数

いちばん大きい公約数8が最大公約数《さいだいこうやくすう》

★今夜のおさらい

ある整数に整数をかけてできる数を，その数の倍数《ばいすう》といいます。

例　3の倍数 ➡ 3，6，9，12，…

（3×1　3×2　3×3　3×4）

いくつかの整数に共通な倍数を公倍数《こうばいすう》といいます。

2と3の公倍数は，最小公倍数《さいしょうこうばいすう》6の倍数だよ。

例　2と3の公倍数

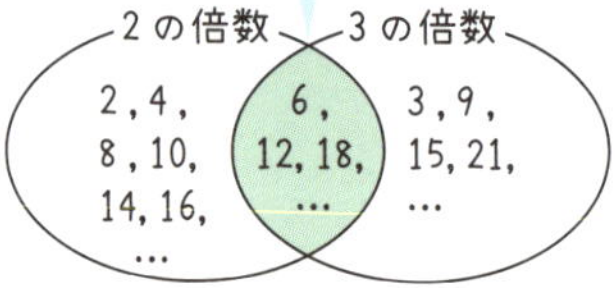
2の倍数
3の倍数
2，4，
8，10，
14，16，
…
6，
12，18，
…
3，9，
15，21，
…

ある整数をわりきることのできる整数を，その数の約数《やくすう》といいます。

例　8の約数 ➡ 1，2，4，8

（8÷1＝8　8÷2＝4　8÷4＝2　8÷8＝1）

いくつかの整数に共通な約数を公約数《こうやくすう》といいます。

8と20の公約数は，最大公約数《さいだいこうやくすう》4の約数だよ。

例　8と20の公約数

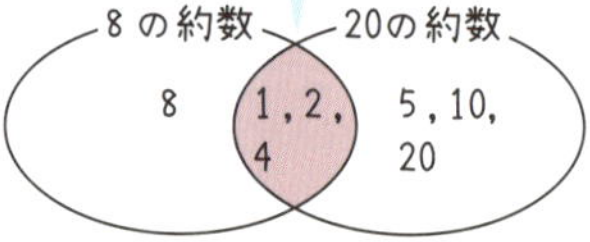
8の約数
20の約数
8
1，2，
4
5，10，
20

寝る前にもう一度

- 公倍数の見つけ方 ▶ 大きいほうの数の倍数から見つける。
- 公約数の見つけ方 ▶ 小さいほうの数の約数から見つける。

6．平均・単位量あたりの大きさ

□　月　日
□　月　日

★今夜おぼえること

平均《へいきん》の求め方▶全部たして個数《こすう》でわる。

例　右のたまご１個の平均の重さは，

58g　56g　55g　59g

(58＋56＋55＋59)÷4＝228÷4＝57（g）

合計　個数

こみぐあいは，面積そろえて比《くら》べよう！

例　部屋A《エー》　たたみ１まいあたりの人数は？　部屋B《ビー》

面積をそろえる！

たたみ10まいに７人

部屋A…7÷10＝0.7（人）
人数　たたみのまい数

部屋B…6÷8＝0.75（人）
人数　たたみのまい数

たたみ８まいに６人

部屋Bのほうが，たたみ１まいあたりの人数が多いので，こんでいるね。

★今夜のおさらい

いくつかの数量を等しい大きさになるようにならしたものを，平均《へいきん》といいます。

平均＝合計÷個数《こすう》

例　1週間の欠席者数が右の表のようになったとき，1日の欠席者数の平均は，

曜日	月	火	水	木	金
人数（人）	5	3	1	0	4

(5＋3＋1＋0＋4)÷5＝2.6（人）

↑0の日も日数に数える。

合計＝平均×個数

例　たまご1個の重さの平均が56gのとき，たまご4個分の重さは，56×4＝224（g）

こみぐあいは，同じ面積あたりの人数（個数）で比《くら》べます。このようにして表した大きさを，単位量あたりの大きさといいます。

1 km²あたりの人口を人口密度《じんこうみつど》といいます。

例　面積42km²，人口7728人の町の人口密度は，

7728÷42＝184（人）
（7728：人口　42：面積）

寝る前にもう一度

- 平均の求め方▶全部たして個数でわる。
- こみぐあいは，面積そろえて比べよう！

7. 約分と通分

□ 月 日
□ 月 日

★ 今夜おぼえること

約分《やくぶん》は、分母と分子の最大公約数をまず見つけ。

例 $\frac{8}{12}$を約分 → ❶12と8の最大公約数は4。

❷4で、12と8をわる。

$8 \div 4 = 2 \rightarrow 2$

$$\frac{8}{12} = \frac{2}{3}$$

$12 \div 4 = 3 \rightarrow 3$

分母と分子を同じ数でわっても、分数の大きさは変わらないよ。

通分《つうぶん》は、分母の最小公倍数をまず見つけ。

例 $\frac{3}{4}$と$\frac{5}{6}$を通分 → ❶4と6の最小公倍数は12。

❷12を分母とする分数になおす。

$$\frac{3}{4} = \frac{9}{12} \quad (\times 3)$$

$$\frac{5}{6} = \frac{10}{12} \quad (\times 2)$$

分母を同じにすると、分子の大きいほうが大きい分数だとわかるね。

★今夜のおさらい

分母と分子をそれらの**公約数**でわって，分母の小さい分数にすることを，**約分《やくぶん》**するといいます。

このとき，分母と分子の**最大公約数**でわると，かんたんに約分できます。

例

32と24の最大公約数の 8 でわる。

$$\dfrac{\cancel{24}^{3}}{\cancel{32}_{4}}=\dfrac{3}{4}$$

約分するときはふつう，分母をできるだけ小さくするよ。

いくつかの分母のちがう分数を共通な分母の分数になおすことを**通分《つうぶん》**するといい，ふつう，分母の**最小公倍数**を共通な分母にします。

例

$\dfrac{1}{4}$と$\dfrac{3}{10}$を通分

分母の 4 と10の最小公倍数20を共通な分母とする分数になおす。

$$\Rightarrow \dfrac{1}{4}=\dfrac{1\times 5}{4\times 5}=\dfrac{5}{20},\quad \dfrac{3}{10}=\dfrac{3\times 2}{10\times 2}=\dfrac{6}{20}$$

$\dfrac{3}{10}\left(\dfrac{6}{20}\right)$のほうが$\dfrac{1}{4}\left(\dfrac{5}{20}\right)$より大きいね。

寝る前にもう一度

- 約分は，分母と分子の最大公約数をまず見つけ。
- 通分は，分母の最小公倍数をまず見つけ。

★今夜おぼえること

分数のたし算とひき算 ▶ 通分すれば、分子どうしの計算でオッケー！

例

$$\frac{1}{6}+\frac{3}{8}=\frac{4}{24}+\frac{9}{24}=\frac{13}{24}$$

4＋9 ←分子どうしをたせばオッケー！

6と8の最小公倍数の24で通分

$$\frac{2}{3}-\frac{5}{9}=\frac{6}{9}-\frac{5}{9}=\frac{1}{9}$$

6－5 ←分子どうしをひけばオッケー！

3と9の最小公倍数の9で通分

分数×整数　分数÷整数 ▶ ×は分子に、÷は分母に整数をかけちゃおう。

例 $\frac{2}{7}\times 3=\frac{2\times 3}{7}=\frac{6}{7}$

例 $\frac{2}{3}\div 5=\frac{2}{3\times 5}=\frac{2}{15}$

★今夜のおさらい

分母のちがう分数のたし算，ひき算は，通分して，分子どうしを計算します。

例

$$\frac{4}{5}+\frac{2}{3}=\frac{12}{15}+\frac{10}{15}=\frac{22}{15}=1\frac{7}{15}$$

通分

← 帯分数にすると大きさがわかりやすい。

$$\frac{4}{3}-\frac{5}{6}=\frac{8}{6}-\frac{5}{6}=\frac{\overset{1}{\cancel{3}}}{\underset{2}{\cancel{6}}}=\frac{1}{2}$$

通分

← 約分できるときは，約分する。

分数×整数の計算は，分母はそのままにして，分子にその整数をかけます。

分数÷整数の計算は，分子はそのままにして，分母にその整数をかけます。

例

$$\frac{5}{6}\times 3=\frac{5\times\overset{1}{\cancel{3}}}{\underset{2}{\cancel{6}}}=\frac{5}{2}=2\frac{1}{2}$$

とちゅうで約分。

$$\frac{8}{7}\div 6=\frac{\overset{4}{\cancel{8}}}{7\times\underset{3}{\cancel{6}}}=\frac{4}{21}$$

とちゅうで約分。

寝る前にもう一度

- 分数のたし算とひき算▶通分すれば，分子どうしの計算でオッケー！
- 分数×整数，分数÷整数▶×は分子に，÷は分母に整数をかけちゃおう。

★今夜おぼえること

三角形の角，3つ合わせて

まず，いばれ（180°）
（1）（8）（0）

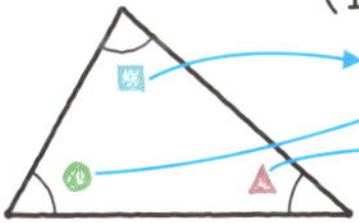

■＋●＋▲＝180°

例　■が80°，●が60°のとき，
80°＋60°＋▲＝180°だから，
▲は，180°－（80°＋60°）＝40°

四角形の角，4つ合わせて

何度か見ろぉ（360°）
（3）（6）（0）

■＋●＋▲＋◆＝360°

例　■が100°，●が70°，▲が60°のとき，
100°＋70°＋60°＋◆＝360°だから，◆は，
360°－（100°＋70°＋60°）＝130°

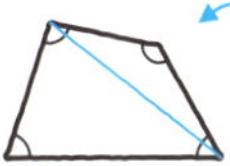

三角形2つ分で
180°×2＝360°
になる。

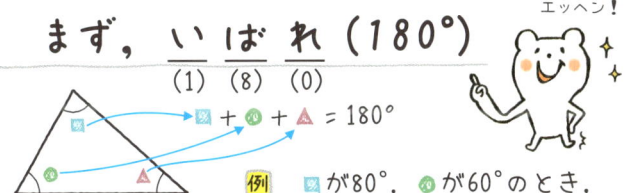

★今夜のおさらい

三角形の3つの角の大きさの和は，180°です。

例　右の三角形で，(あ)の角度は，

180° − (45° + 70°) = 65°

(い)の角度は，

180° − 65° = 115°

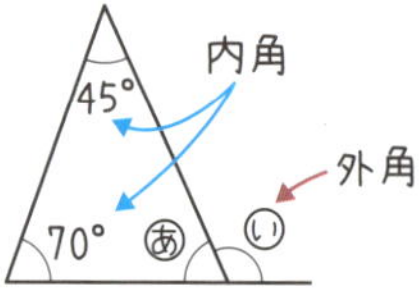

中学入試　三角形の外角《がいかく》（外側の角）は，それととなり合わない2つの内角《ないかく》（内側の角）の和に等しいという性質《せいしつ》を使うと，(い)の角度は，45° + 70° = 115°

四角形の4つの角の大きさの和は，360°です。

多角形《たかくけい》の角の大きさの和は，1つの頂点《ちょうてん》から対角線をひいてできる三角形の数から求めることができます。

例　五角形は，右の図のように3つの三角形に分けられるので，五角形の5つの角の大きさの和は，

180° × 3 = 540°

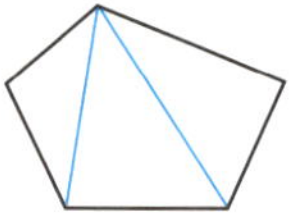

寝る前にもう一度

三角形の角，3つ合わせてまず，いばれ（180°）

四角形の角，4つ合わせて何度か見ろお（360°）

10. 面積

□　月　日
□　月　日

★今夜おぼえること

平行四辺形の面積

=底辺《ていへん》×高さ

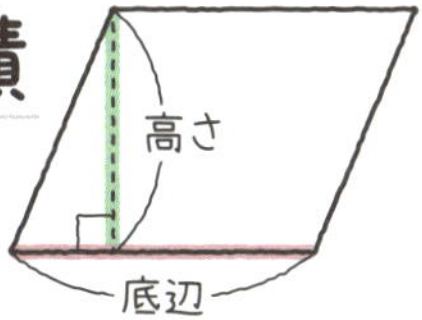

三角形の面積

=底辺×高さ÷2

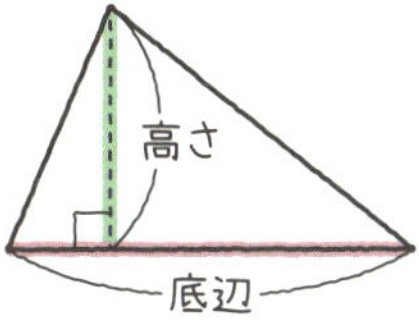

台形の面積=(上底《じょうてい》+下底《かてい》)×高さ÷2

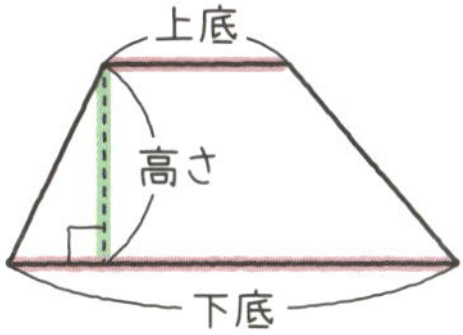

ひし形の面積

=対角線×対角線÷2

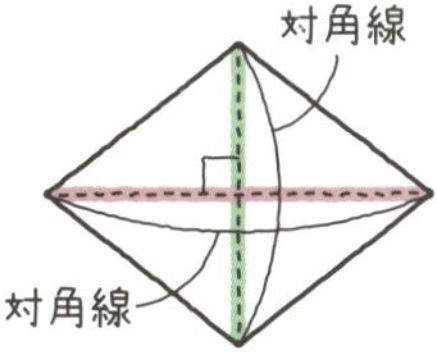

★今夜のおさらい

四角形や三角形では，底辺《ていへん》と**高さ**（底辺に垂直《すいちょく》にひいた直線の長さ）を使って面積を求めることができます。

また，ひし形では，2つの**対角線**を使って面積を求めることができます。

例　平行四辺形の面積

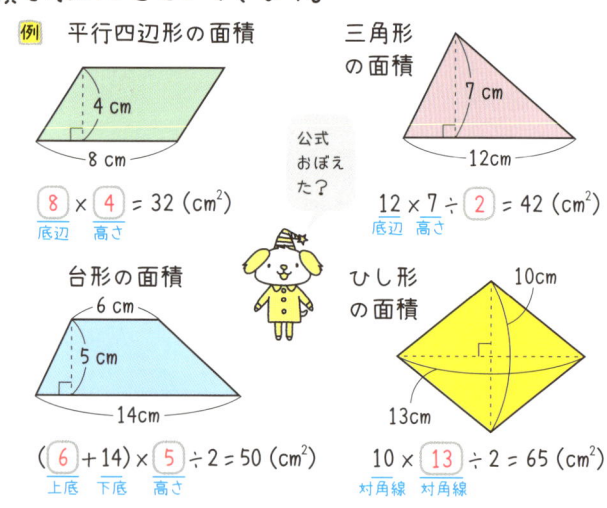

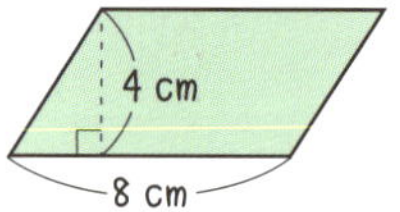

4 cm
8 cm

8（底辺）×4（高さ）＝32（cm^2）

三角形の面積

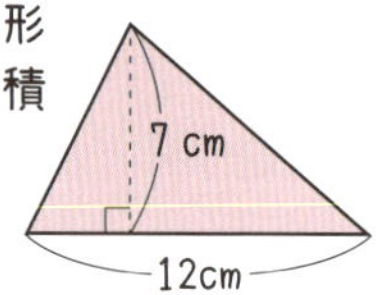

7 cm
12cm

12（底辺）×7（高さ）÷2＝42（cm^2）

公式
おぼえ
た？

台形の面積

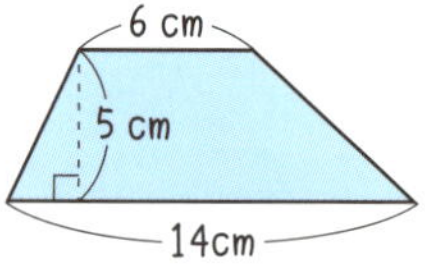

6 cm
5 cm
14cm

（6（上底）＋14（下底））×5（高さ）÷2＝50（cm^2）

ひし形の面積

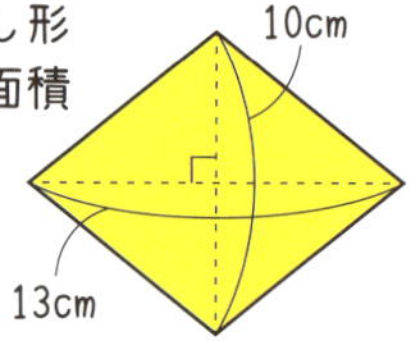

10cm
13cm

10（対角線）×13（対角線）÷2＝65（cm^2）

寝る前にもう一度

- 平行四辺形の面積＝底辺×高さ
- 三角形の面積＝底辺×高さ÷2
- 台形の面積＝（上底＋下底）×高さ÷2
- ひし形の面積＝対角線×対角線÷2

11. 割合

□ 月 日
□ 月 日

★今夜おぼえること

割合《わりあい》を表す小数を100倍すれば百分率《ひゃくぶんりつ》。

例 3mは，5mの何%ですか。

（3m：比《くら》べられる量　5m：もとにする量　何%：割合）

割合を表す0.01が1%になるんだよ。

➡ **割合＝比べられる量÷もとにする量**

で求められるから，

3÷5＝0.6←小数で表した割合

百分率で表すと，0.6×100＝60（%）

比べられる量の求め方 ▶ 割合を小数にしてかけ算で。

例 80kgの20%は，何kgですか。

（80kg：もとにする量　20%：割合　何kg：比べられる量）

百分率で表した割合を小数で表すには，100でわろう。

➡20%を小数で表すと，

20÷100＝0.2

比べられる量＝もとにする量×割合

で求められるから，80×0.2＝16（kg）

★今夜のおさらい

比《くら》べられる量が，もとにする量のどれだけ（何倍）にあたるかを表した数を**割合《わりあい》**といいます。

割合＝比べられる量÷もとにする量

もとにする量を100とみたときの割合の表し方を**百分率《ひゃくぶんりつ》**といいます。割合を表す0.01は，百分率で，1％と表します。

例　定員50人のバスに60人乗っているときの，定員をもとにした乗客数の割合

➡60÷50＝1.2

1.2を百分率で表すと，

1.2×100＝120（％）

定員がもとにする量，乗客数が比べられる量だね。

比べられる量＝もとにする量×割合の式を使って，比べられる量を求めることができます。

例　定員50人のバスに，定員の70％の人が乗っているときの乗客数

➡70％を小数で表すと，70÷100＝0.7

乗客数は，50×0.7＝35（人）

寝る前にもう一度

- 割合を表す小数を100倍すれば百分率。
- 比べられる量の求め方▶割合を小数にしてかけ算で。

12. 円と正多角形

□ 月 日
□ 月 日

★今夜おぼえること

円を使った正《せい》多《た》角《かく》形《けい》のかき方 ▶円の中心のまわりの角を等分しよう。

例 正八角形のかき方

❶円の中心のまわりの角を360°÷8＝45°ずつに区切って，半径をかこう。

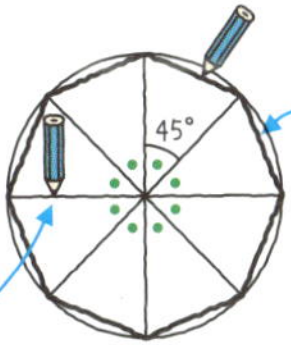

❷半径のはしを順に直線で結べば，正八角形の完成！

正五角形は，360°÷5＝72°ずつに，正六角形は，360°÷6＝60°ずつに区切ればいいね。

ゴロ合わせ 円周《えんしゅう》出すなら，

ちょくにかけてさあ，いいよ！

ちょく	にかけて	さあ，	いい	よ！
(直径)	(×)	(3.)	(1)	(4)

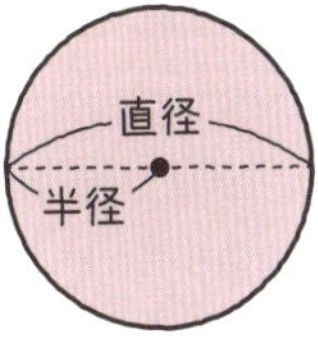

円周の長さを求める式

➡円周＝直径×円周率《えんしゅうりつ》

＝半径×2×円周率

円周率はふつう3.14を使うよ。

★今夜のおさらい

辺の長さがみんな等しく，角の大きさもみんな等しい多角形を**正《せい》多《た》角《かく》形《けい》**といいます。

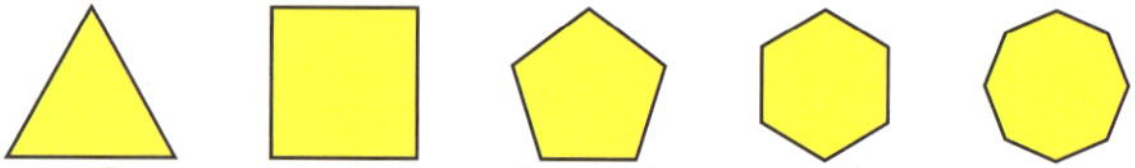

正三角形　正四角形（正方形）　正五角形　正六角形　正八角形

円の中心のまわりの角を**等分**する方法で，正多角形をかくことができます。

円の周（まわり）を**円周《えんしゅう》**といいます。

円周の長さが，**直径**の長さの何倍になっているかを表す数を**円周率《えんしゅうりつ》**といいます。円周率は，約**3.14**です。

円周の長さは，次の式で求められます。

円周＝直径×円周率

例　直径5cmの円の，円周の長さは，
　　5×3.14＝15.7（cm）

直径と半径を
まちがえない
ように注意！

寝る前にもう一度

- 円を使った正多角形のかき方▶円の中心のまわりの角を等分。
- 円周出すなら，ちょくにかけてさあ，いいよ！

★今夜おぼえること

柱の形の立体は、底面《ていめん》の形でネーミング。

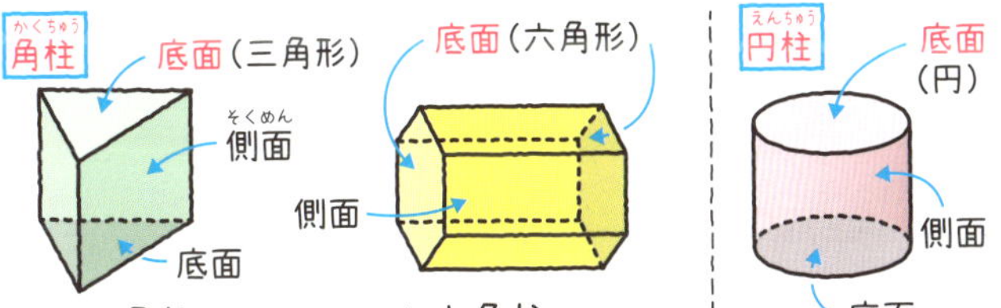
角柱《かくちゅう》
底面（三角形）
側面《そくめん》
底面
底面（六角形）
側面
円柱《えんちゅう》
底面
（円）
側面
底面

▲三角柱　▲六角柱

円柱を切り開くと、側面は長方形。

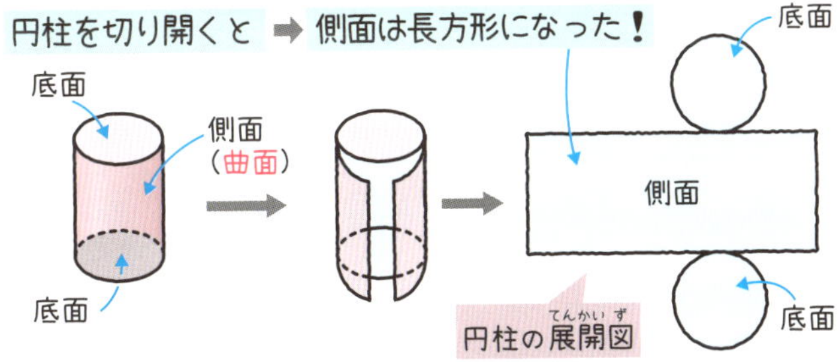
円柱を切り開くと ➡ 側面は長方形になった！
底面
側面
（曲面）
底面
側面
底面
底面
円柱の展開図《てんかいず》

★今夜のおさらい

下の図のような形をした立体を，角柱《かくちゅう》，円柱《えんちゅう》といいます。

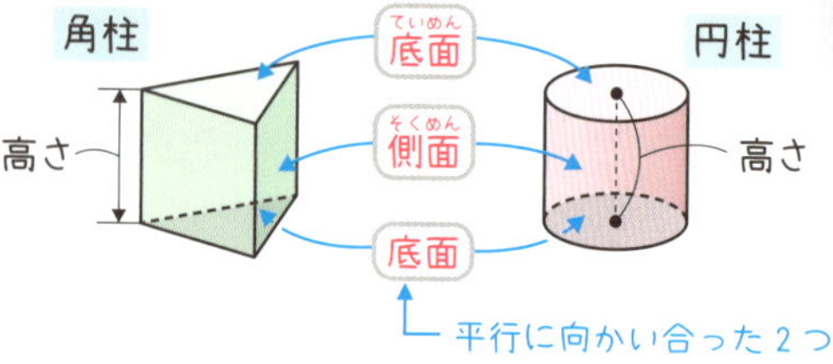
平行に向かい合った２つの合同な面

角柱は，底面の形によって，三角柱，四角柱，五角柱，…のようにいいます。

角柱や円柱の展開図《てんかいず》は，次のようになります。

三角柱の展開図　　円柱の展開図

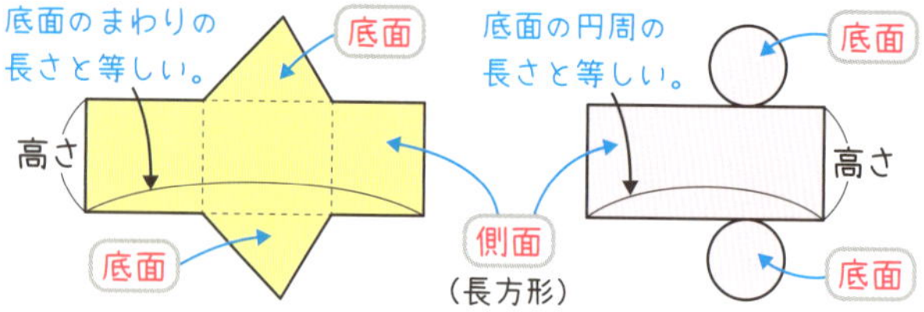

※切り開き方によって，いろいろな展開図がかけます。

寝る前にもう一度

- 柱の形の立体は，底面の形でネーミング。
- 円柱を切り開くと，側面は長方形。

★今夜おぼえること

晴れ・くもり，決めるのは雲の量。

晴れ
くもり
雨

空全体の広さを10として雲の量が
0～8→晴れ
9～10→くもり
雨がふっていれば天気は雨です。

天気の変化は西から東へ。

明日は遠足よーし
西よーし
西の天気がわかると，天気が予想できるね。

★今夜のおさらい

雲にはいろいろなものがあり，高い空に現《あらわ》れるけん雲《うん》（すじ雲）やけん積雲《せきうん》（うろこ雲），雨をふらす**らんそう雲**（雨雲《あまぐも》）や**積《せき》らん雲《うん》**（入道《にゅうどう》雲《ぐも》，かみなり雲）などがあります。

気象衛星《きしょうえいせい》の雲画像《くもがぞう》や**アメダス**の雨量情報《じょうほう》などから，雲はおよそ**西から東**へ動き，雨のふっている地いきもおよそ**西から東**へ変化することがわかります。天気は**西から東**へ変化していきます。

天気が西から東へ変化するのは，春や秋に多く見られるよ。

寝る前にもう一度

- 晴れ・くもり，決めるのは雲の量。
- 天気の変化は西から東へ。

★今夜おぼえること

台風は，強風と大量の雨，中心には目が1つ。

なの、キャッ♡
パッチリふたえ

台風は強風と大雨をともない，発達すると，中心に雲が少なく，風が弱い部分ができます。これが「台風の目」です。

よく来る台風8・9月。

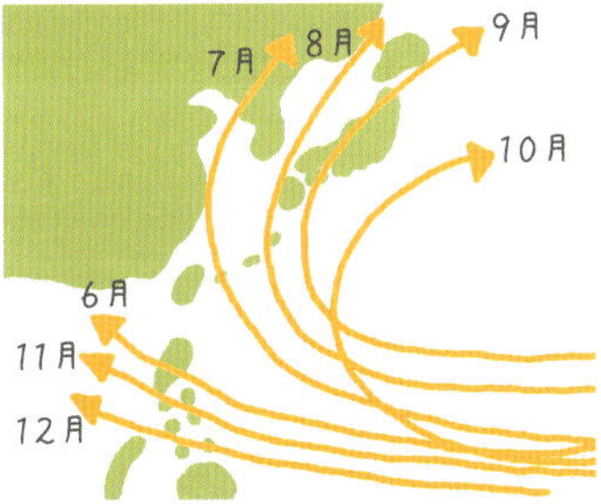
7月
8月
9月
10月
6月
11月
12月

▲月ごとの台風の進路

毎年，日本に近づくのは，夏から秋にかけてだね。

★今夜のおさらい

台風は南の海上で発生し，中心に向かって左回りにふきこむ強風と大量の雨をともないます。台風の動きによって強風と大雨のはんいが移動《いどう》して天気も変化します。

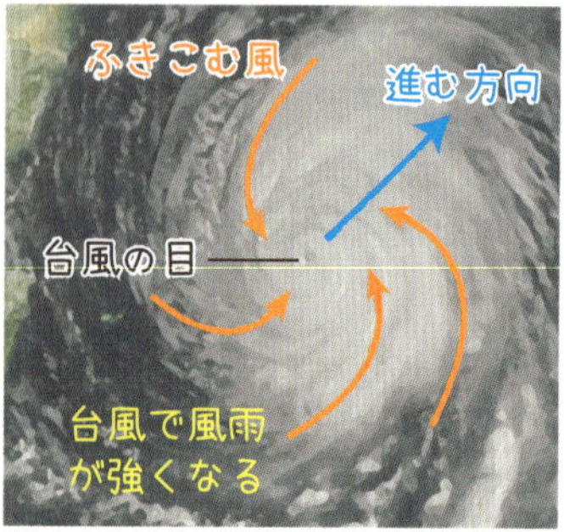
ふきこむ風
進む方向
台風の目
台風で風雨
が強くなる

天気の変化は，「西から東」
へとはならないよ。

台風が近づくと，こう水《ずい》や土《ど》しゃくずれ，農作物へのひ害《がい》などがあります。一方，大量の雨によって水不足が解消《かいしょう》されるなどの利点もあります。

寝る前にもう一度

- 台風は，強風と大量の雨，中心には目が1つ。
- よく来る台風8・9月。

3. 発芽の条件

□ 月 日
□ 月 日

★ 今夜おぼえること

さあ発芽《はつが》，水と空気と適《てき》した温度。

芽《め》が出る条件《じょうけん》調べ，変える条件1つだけ。

たとえば，種子《しゅし》の発芽に水が必要かどうかを調べるには，水があるものと水がないものを用意し，その他の空気や温度などは同じ条件にして実験します。

★今夜のおさらい

種子《しゅし》は，次の①～③の条件《じょうけん》がそろったとき発芽《はつが》します。

① **水がある**こと。
② **空気がある**こと。
③ 発芽に**適《てき》した温度**であること。

発芽に必要な気体は，空気中の酸素《さんそ》という気体だよ。

発芽の条件を調べるとき，**調べること以外の条件は，同じ**にして実験します。

発芽の条件	水が必要かを調べる		空気が必要かを調べる		温度が関係するかを調べる	
水	水をやる	水をやらない	水をやる		水をやる	
空気	空気にふれる		空気にふれる	空気にふれない	空気にふれる	
温度	同じ温度のところ（あたたかいところ）		同じ温度のところ（あたたかいところ）		あたたかいところ	寒いところ
発芽するか	発芽する	発芽しない	発芽する	発芽しない	発芽する	発芽しない

寝る前にもう一度

- さあ発芽，水と空気と適した温度。
- 芽が出る条件調べ，変える条件１つだけ。

★今夜おぼえること

イングゲンマメ、子葉《しよう》にでんぷん、青むらさき。

ヨウ素液《そえき》はでんぷんにふれると青むらさき色に変わるよ。

発芽《はつが》・成長、子葉のでんぷん使用する。

子葉にふくまれているでんぷんは、発芽とその後の成長に必要な養分として使われます。

★今夜のおさらい

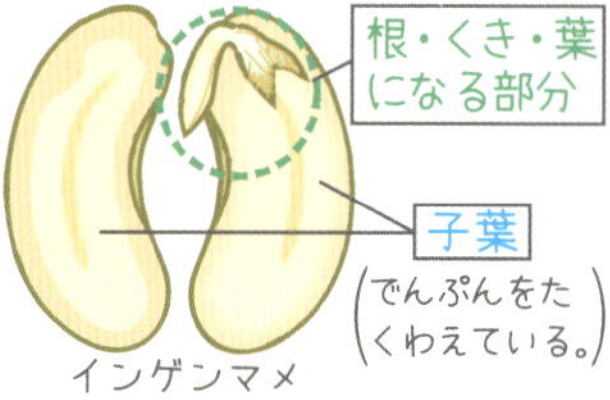
根・くき・葉
になる部分
子葉
(でんぷんをた
くわえている。)
インゲンマメ

インゲンマメの種子《しゅし》は，発芽《はつが》して**根・くき・葉になる部分**と**子葉《しよう》**からできています。子葉には**でんぷん**がたくわえられています。

子葉の中のでんぷんは，発芽とその後の**成長の養分として使われる**ため，子葉はしだいに小さくなってやがてかれます。

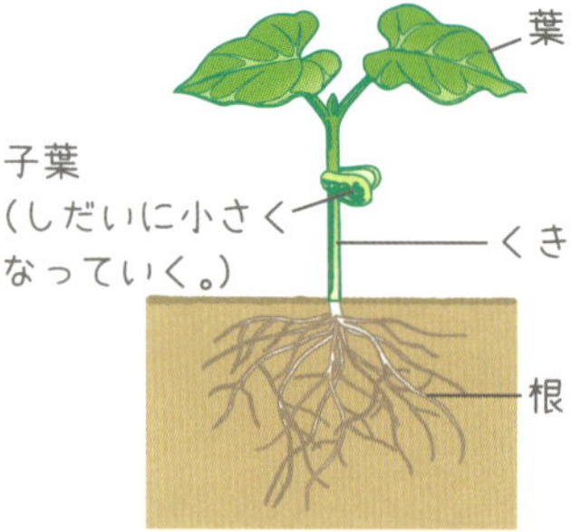
葉
子葉
(しだいに小さく
なっていく。)
くき
根

小さくなった子葉を切ってヨウ素《そ》液《えき》をつけてもあまり色が変化しないね。

寝る前にもう一度

- インゲンマメ，子葉にでんぷん，青むらさき。
- 発芽・成長，子葉のでんぷん使用する。

★今夜おぼえること

日光当たり肥料《ひりょう》あり，葉っぱ多くて，くき太い。

水と空気と適《てき》した温度，日光，肥料でよく成長。

植物の成長には，発芽《はつが》に必要な水，空気，温度のほかに日光と肥料が必要です。

★今夜のおさらい

植物は，日光に当て，肥料《ひりょう》をあたえるとよく成長し，緑色の葉がしげり，くきも太くなります。

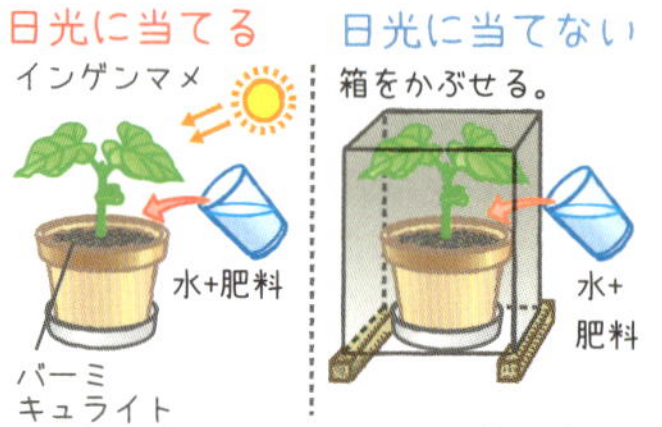

日光に当てる
日光に当てない
インゲンマメ
箱をかぶせる。
水+肥料
水+
肥料
バーミキュライト

日光に当てたほうがよく成長する。

肥料をあたえる
肥料をあたえない
水+肥料
水

肥料をやったほうがよく成長する。

種子《しゅし》の発芽《はつが》では，種子にふくまれる養分が使われますが，そのあと成長するには，水，空気，適《てき》した温度のほかに，日光と，根からきゅうしゅうされる肥料が必要です。

寝る前にもう一度

- 日光当たり肥料あり，葉っぱ多くて，くき太い。
- 水と空気と適した温度，日光，肥料でよく成長。

★ 今夜おぼえること

ゴロ合わせ おとうさん，せびろ切れてる，しりが四角に。

（おすのメダカ）（せびれ）（切れこみ）（しりびれ）（平行四辺形）

イヤン
かあさんは
切れて
な〜い。

子メダカは，はらへこむまでえさ食べず。

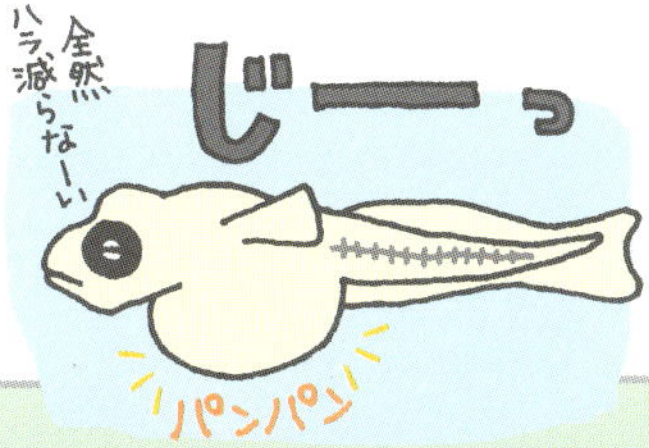
全然
ハラ減らな〜い
じーっ
パンパン

かえったばかりの子メダカは，えさを食べず，じっとして動かないよ。

★今夜のおさらい

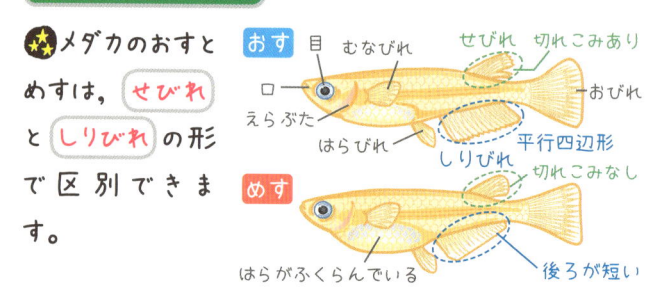

メダカのおすとめすは，せびれとしりびれの形で区別できます。

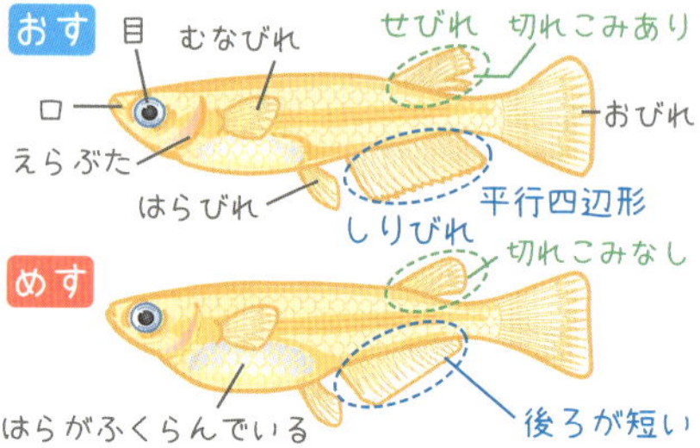
おす
目
むなびれ
せびれ
切れこみあり
口
おびれ
えらぶた
はらびれ
平行四辺形
しりびれ
めす
切れこみなし
はらがふくらんでいる
後ろが短い

たまごと精子《せいし》が結びつくことを受精《じゅせい》といい，受精したたまご（受精卵《じゅせいらん》）は約11日め（水温25℃）に子メダカがふ化します。

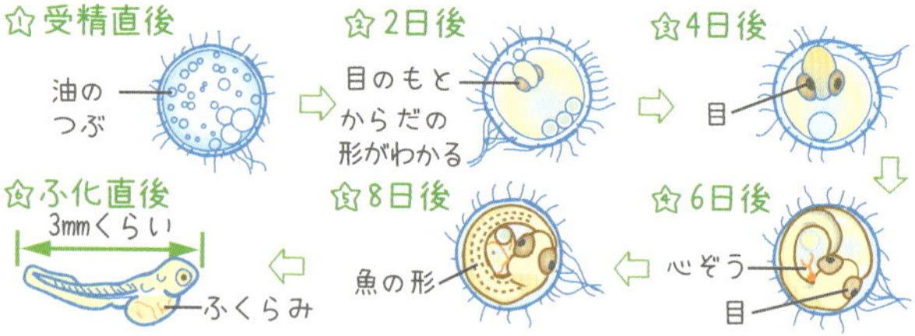
①受精直後
油のつぶ
②2日後
目のもと
からだの形がわかる
③4日後
目
④6日後
心ぞう
目
⑤8日後
魚の形
⑥ふ化直後
3mmくらい
ふくらみ

ふ化直後の子メダカは，はらのふくらみの中の養分を使って育ち，食べ物を食べません。

寝る前にもう一度

- おとうさん，せびろ切れてる，しりが四角に。
- 子メダカは，はらへこむまで，えさ食べず。

★今夜おぼえること

ミジンコは，メダカが食べる小さな生物。

メダカはミジンコなど，水の中の小さな生物を食べ物にしています。

ピント合わせは，近づけてから遠ざける。

対物レンズとプレパラートをぶつけないようにするためだよ。

★今夜のおさらい

ミジンコは水の中を**動き**ますが，動かずに**緑色**をした小さな生物もいます。

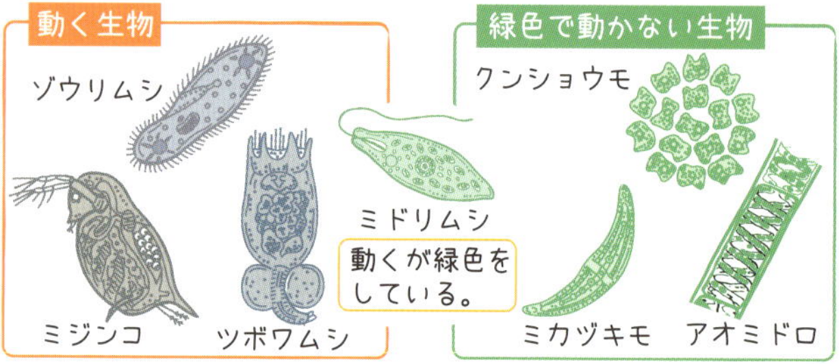
動く生物
ゾウリムシ
ミジンコ
ツボワムシ
ミドリムシ
動くが緑色をしている。
緑色で動かない生物
クンショウモ
ミカヅキモ
アオミドロ

けんび鏡は**日光が直《ちょく》接《せつ》当たらない**明るく**水平**な場所に置きます。対物レンズとプレパラートを**遠ざけ**ながらピントを合わせます。

★ステージ上下式けんび鏡

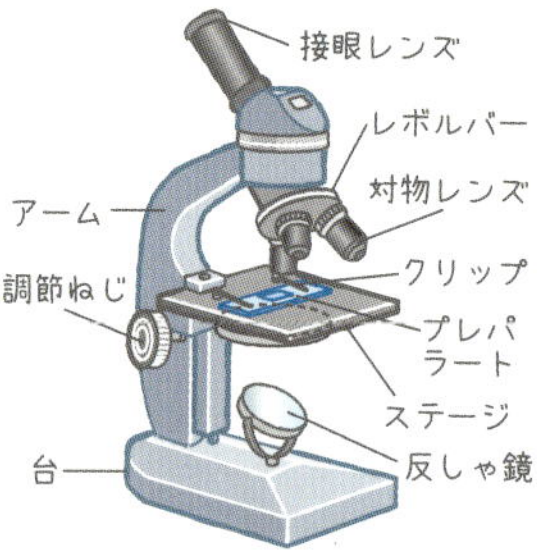
接眼レンズ
レボルバー
対物レンズ
アーム
クリップ
調節ねじ
プレパラート
ステージ
台
反しゃ鏡

けんび鏡の倍率《ばいりつ》

＝**接眼《せつがん》レンズ**の倍率×**対物レンズ**の倍率

寝る前にもう一度

- ミジンコは，メダカが食べる小さな生物。
- ピント合わせは，近づけてから遠ざける。

★今夜おぼえること

アサガオは，おす・めすいっしょ。
(おしべ)(めしべ)

ヘチマはおす・めす別。
(おばな)　(めばな)

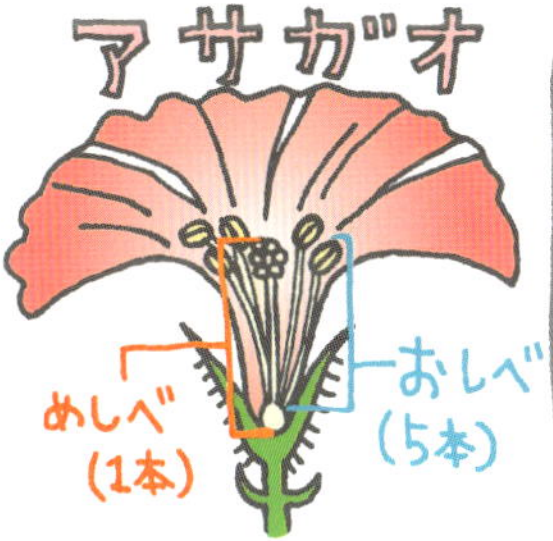
アサガオ
めしべ
(1本)
おしべ
(5本)

ヘチマ
めばな
おばな

ゴロ合わせ　めしべに花《か》粉《ふん》がつけば

じゅうぶん。
(受粉《じゅふん》)

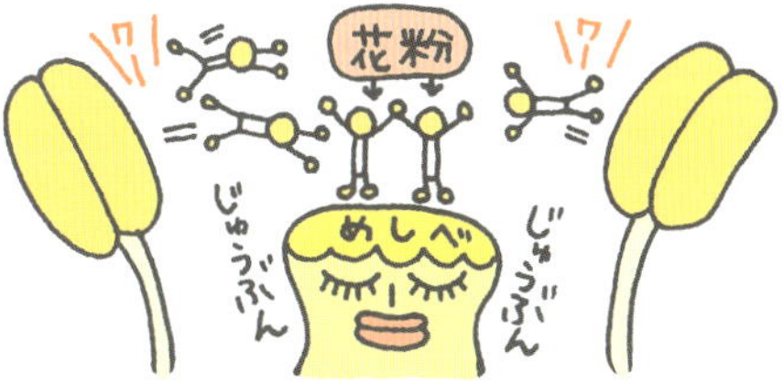
花粉
めしべ
じゅうぶん
じゅうぶん

理科

★今夜のおさらい

アサガオの花は外側から，がく・花びら・おしべがあり，中心にめしべがあります。ヘチマの花は，めしべだけがあるめばなとおしべだけがあるおばながあります。

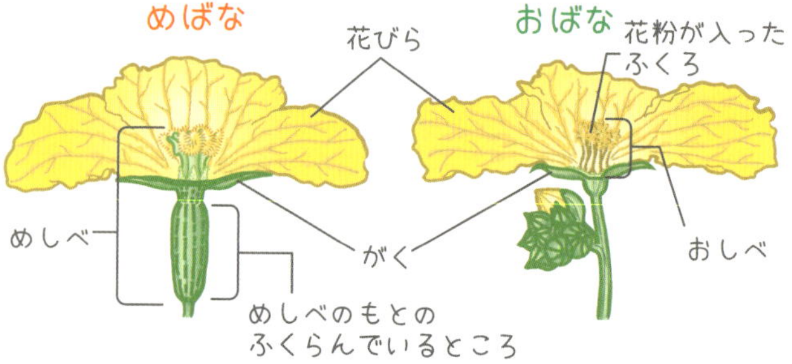
めばな
おばな
花びら
花粉が入った
ふくろ
めしべ
がく
おしべ
めしべのもとの
ふくらんでいるところ

▲ヘチマのめばなとおばな

おしべの先にあるふくろの中に花粉《かふん》があり，ふくろがわれると花粉が出てきます。おしべの先から出た花粉がめしべの先につくことを受粉《じゅふん》といいます。

寝る前にもう一度

- アサガオは，おす・めすいっしょ。ヘチマはおす・めす別。
- めしべに花粉がつけばじゅうぶん。

★今夜おぼえること

受粉《じゅふん》すれば実ができる。

受粉した花
おめでとう
実ができる
受粉しなかった花
しゅーん
かれる

めしべのもとが実に育ち、実の中にたねができる。

実になる部分
実になる部分

★今夜のおさらい

★花のあとに実ができるためには，受粉《じゅふん》することが必要です。

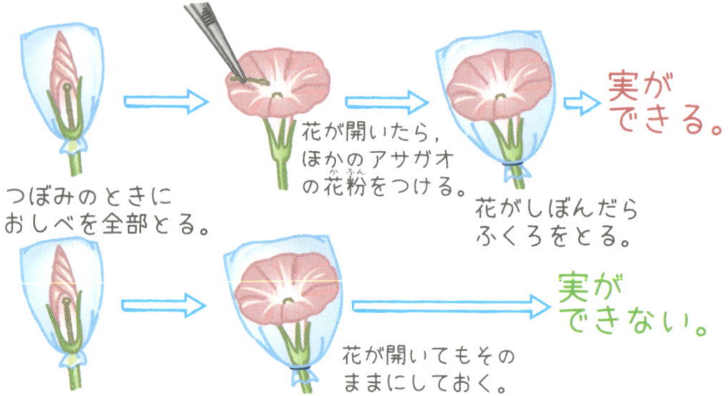
つぼみのときに
おしべを全部とる。
花が開いたら，
ほかのアサガオ
の花《か》粉《ふん》をつける。
花がしぼんだら
ふくろをとる。
実が
できる。
花が開いてもその
ままにしておく。
実が
できない。

☾受粉すると，めしべのもとのふくらんだ部分が実に育ち，実の中に種子《しゅし》ができます。

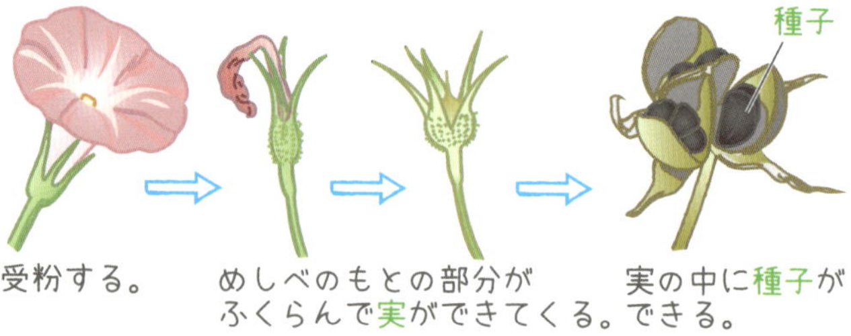
種子
受粉する。
めしべのもとの部分が
ふくらんで実ができてくる。
実の中に種子が
できる。

寝る前にもう一度

★受粉すれば実ができる。

☾めしべのもとが実に育ち，実の中にたねができる。

10. 人の子どもの成長

□ 月 日
□ 月 日

★今夜おぼえること

たい児《じ》が育つ、子《し》宮《きゅう》の中で38週。

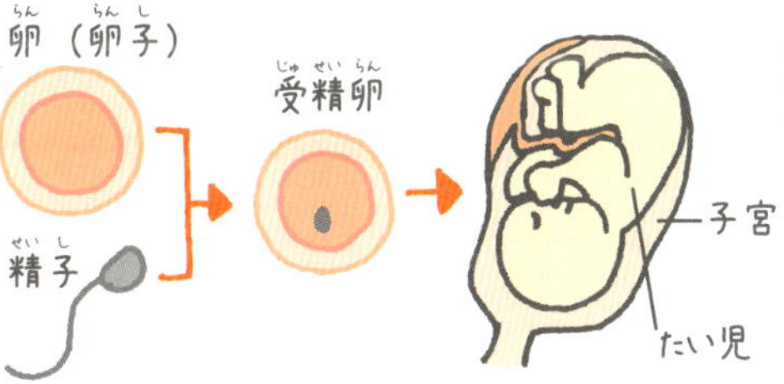

たい児は生まれる前の子どものことだよ。

母親とたい児をつなぐ、へそのお・たいばん。

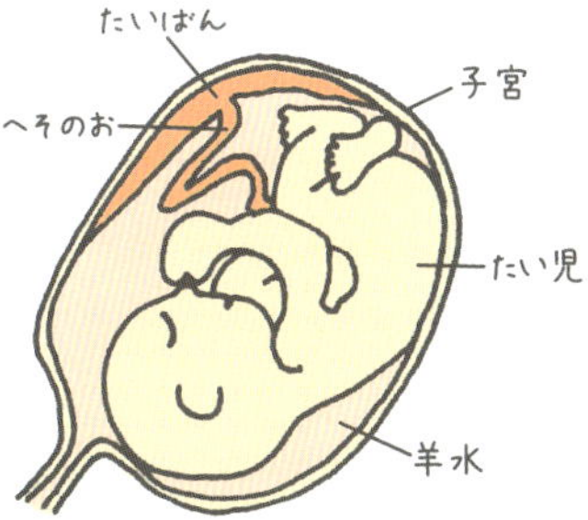

たい児は羊水《ようすい》の中にうかんだ状態《じょうたい》で育ち、からだを動かすことができます。

理科

★今夜のおさらい

人は，受精卵《じゅせいらん》が子宮《しきゅう》の中で約38週間（266日）かかって身長約50cm，体重約3000gのたい児《じ》に成長して生まれてきます。受精後4週めに心ぞうが動き出し，8週めに目や耳ができ，約16週めにからだの形がわかり，男女の区別ができます。約24週めにからだを回転させてよく動くようになります。

子宮の中のたい児は，母親のたいばんからへそのおを通して酸素《さんそ》と養分をとり入れて成長します。いらなくなったものは，へそのおを通してたいばんに送られ，母親のからだから体外に出されます。

寝る前にもう一度

たい児が育つ，子宮の中で38週。

母親とたい児をつなぐ，へそのお・たいばん。

11. 流れる水のはたらき

□ 月 日
□ 月 日

★今夜おぼえること

☆ 流れる水，けずって，運んで，積もらせる。

☽ 外側は流れ速くてけずられて，内側おそく土積もる。

★今夜のおさらい

流れる水には，次のはたらきがあります。

① 地面をけずる（しん食《しょく》）。

② けずった土や石を運ぶ（運《うん》ぱん）。

③ 運ばれた土や石を積もらせる（たい積《せき》）。

流れが速い・水の量が多いところ

→けずる・運ぶはたらきが大きい。

流れがおそい・水の量が少ないところ

→積もらせるはたらきが大きい。

流れが曲がっているところでは，外側は流れが速いので土がけずられ，内側はおそいので土が積もります。

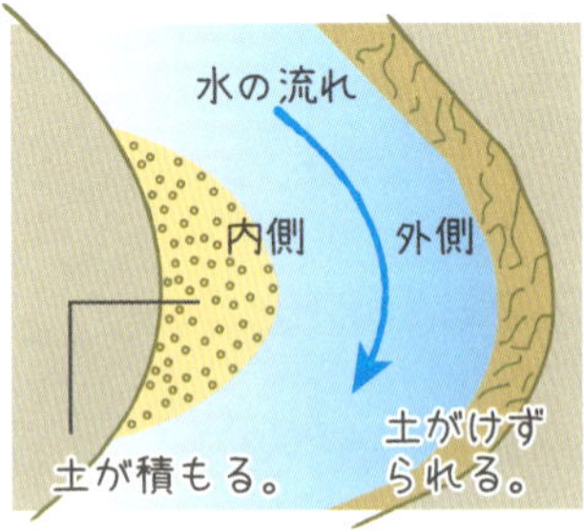

寝る前にもう一度

流れる水，けずって，運んで，積もらせる。

外側は流れ速くてけずられて，内側おそく土積もる。

12. 流れる水と変化する大地

□ 月 日
□ 月 日

★今夜おぼえること

⭐しん食《しょく》大きく深い谷，たい積《せき》大きく河口《かこう》の平地。

🌙曲がる川，内は川原で，外はがけ。

★今夜のおさらい

川の上流は流れが速く，しん食《しょく》・運《うん》ぱんするはたらきが大きく，土地はけずられて，両岸はがけ，V《ブイ》字谷のような深い谷が見られます。
川の下流は流れがゆるやかでたい積《せき》するはたらきが大きく，土や石が積もります。河口《かこう》では三角州《さんかくす》などの平地が見られます。
川の上流の石は，大きく角《かど》ばっていますが，下流の石は，小さく丸みがあります。

川の中流の曲がっているところでは，流れがおそい内側に川原ができ，流れの速い外側はがけ，川底が深くなります。

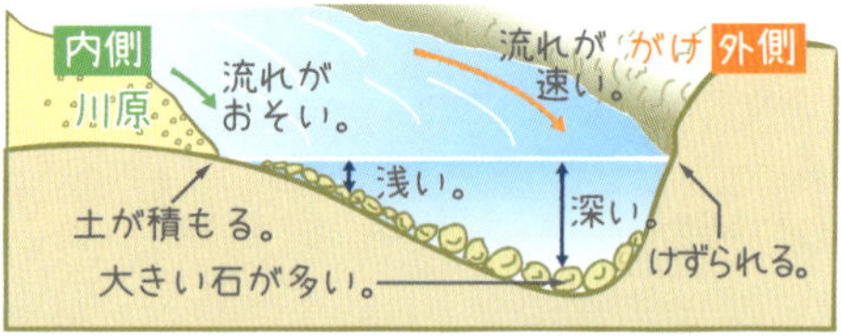

寝る前にもう一度

- しん食大きく深い谷，たい積大きく河口の平地。
- 曲がる川，内は川原で，外はがけ。

□　月　日
□　月　日

★今夜おぼえること

水ふえて，川岸けずられ，
こう水《ずい》起こる。

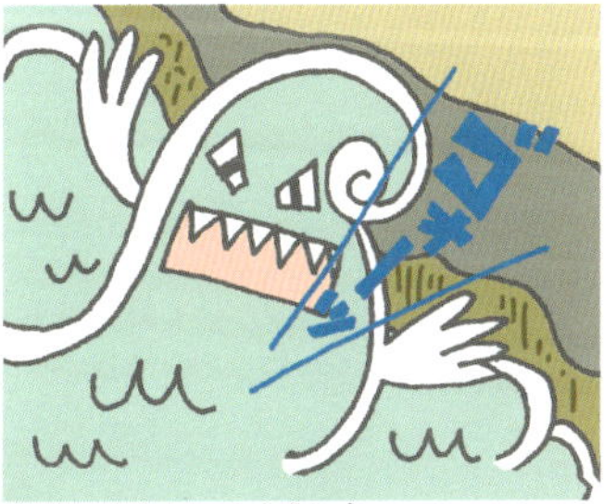

ふだんはおとなしいのに！

こう水防《ふせ》ぐ，ダムやていぼう，
遊《ゆう》水《すい》地《ち》。

これくらいの水には負けない！

★今夜のおさらい

台風などで大量の雨がふると，川の水がふえて流れが速くなります。そのため，しん食《しょく》するはたらきや土や石を運《うん》ぱんするはたらきが大きくなって，川岸がけずられてこう水《ずい》になることがあります。

こう水を防《ふせ》ぐために，ていぼう，さぼうダム，遊《ゆう》水《すい》地《ち》や地《ち》下《か》調《ちょう》節《せつ》池《ち》などがつくられています。ていぼうは川岸がけずられたり，水があふれるのを防ぎます。さぼうダムはすなや石が一度に運ばれるのを防ぎます。遊水地や地下調節池は，川の水がふえたとき，一時的に水をためておく工夫です。

寝る前にもう一度

水ふえて，川岸けずられ，こう水起こる。

こう水防ぐ，ダムやていぼう，遊水池。

★今夜おぼえること

ものとけて、見えなくなって、とうめいだ。

かくしているだろう!!
お前、なにか

ものが水にとけたとうめいな液を水《すい》よう液《えき》といいます。

ものとけて、すがた消えても重さは消えず。

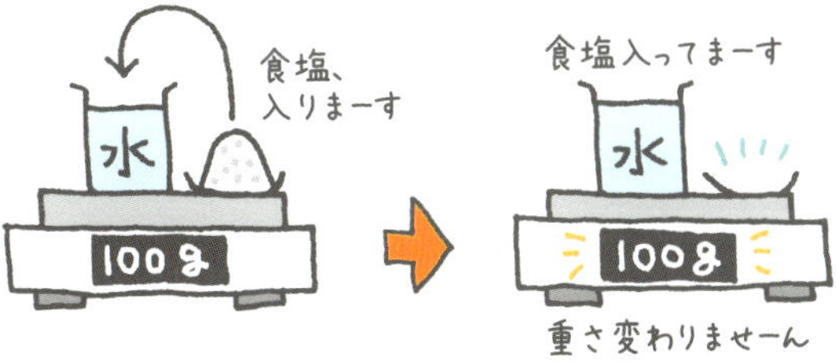
食塩、
入りまーす
水
100g
食塩入ってまーす
水
100g
重さ変わりませーん

水の重さ＋とかしたものの重さ＝水よう液の重さ

理科

★今夜のおさらい

水に入れたものが見えなくなり，全体に広がることを**水にとける**といい，その液《えき》を**水《すい》よう液《えき》**といい，次の特ちょうがあります。

①色があってもなくても**とうめい**。

②とけたものは水の中で全体に広がっている。

③とけたものは水と**分かれない**。

（温度が変わらない，水がじょう発しないとき）

ものが水にとけて見えなくなっても，**ものの重さは消えません**。水よう液の重さは**水の重さ**と**とかしたものの重さ**の**和**となります。

食塩を水にとかす。

食塩水の重さ100g+20g＝120g

寝る前にもう一度

ものとけて，見えなくなって，とうめいだ。

ものとけて，すがた消えても重さは消えず。

15. 水にとけるものの量

★今夜おぼえること

限界《げんかい》だ。もうとけないよ。
水《すい》よう液《えき》。

決まった量の水にとけるものの量は，かぎりがあります。

ゴロ合わせ ばん・さんは，高級おでんに大きなとうふ。

ばん・さんは，高級おでん
（ミョウバン）（ホウ酸）（高い）（温度で）
に大きなとうふ。
（多く）（とける）

ミョウバンやホウ酸《さん》は，水の温度が高いほどとける量がふえていきます。

★今夜のおさらい

決まった量の水にとけるものの量はかぎりがあり，ものの種類によって決まっています。

決まった体積の水をはかりとるには，メスシリンダーを使います。

★水50mLをはかりとるとき

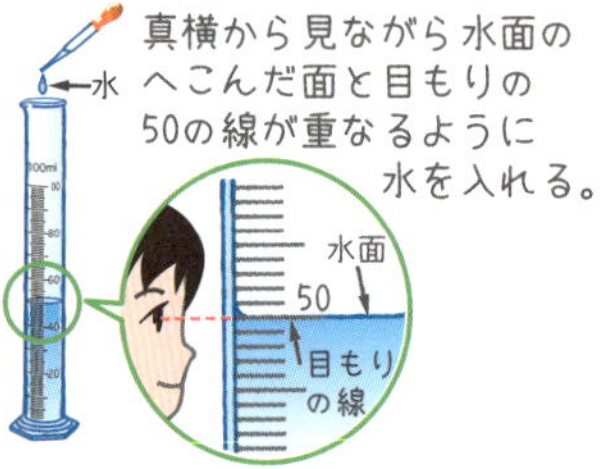

水
真横から見ながら水面のへこんだ面と目もりの50の線が重なるように水を入れる。
水面
50
目もりの線

決まった量の水にとけるものの量は，水の温度によってちがいます。

ホウ酸《さん》とミョウバンは水の温度が高いほどとける量は多くなりますが，食塩のとける量はほとんど変化しません。

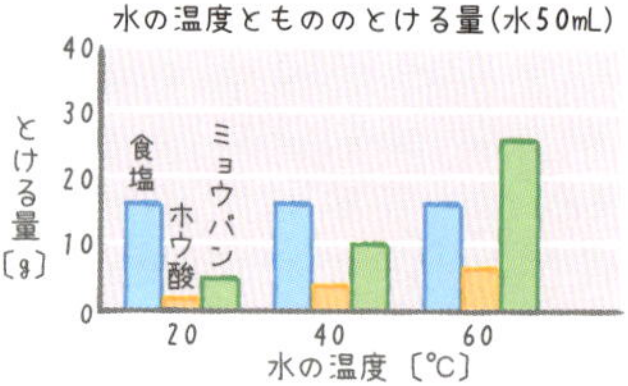

水の温度とものののとける量(水50mL)
とける量〔g〕
0
10
20
30
40
食塩
ホウ酸
ミョウバン
20
40
60
水の温度〔℃〕

寝る前にもう一度

- 限界《げんかい》だ。もうとけないよ，水《すい》よう液《えき》。
- ばん・さんは，高級おでんに大きなとうふ。

16. とかしたもののとり出し方

□ 月 日
□ 月 日

★今夜おぼえること

とかしたもの，冷やしたり，じょう発させると現《あらわ》れる。

さあ タネも しかけも
ござい まーす
ホウ酸のつぶ
ホウ酸の水よう液
冷やす
あたためる

とけていたものが出てきたり，消えたりするね。

理科

ろうとビーカー

ぴたっと仲よく。

ろ紙を使って，液《えき》と液にとけていない固体をこし分けることをろ過《か》といいます。

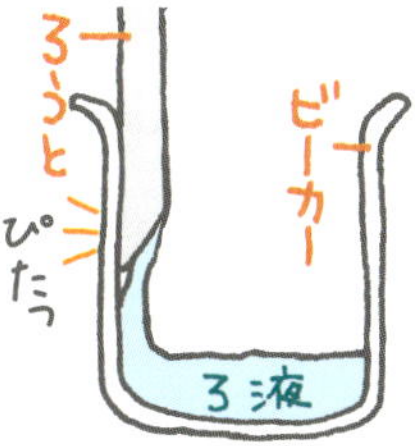

ろうと
ビーカー
ぴたっ
ろ液

★今夜のおさらい

ホウ酸《さん》やミョウバンは，温度が低いほどとける量が少ないので，温度を下げると，とけきれないもののつぶが出てきます。ただし，食塩のとける量は温度によってほとんど変化しないので，水《すい》よう液《えき》を冷やしてもつぶはほとんど出てきません。食塩の水よう液は，加熱などして水をじょう発させると，とけていた食塩をすべてとり出すことができます。

ろ過《か》する液は必ずガラスぼうを伝わらせて注ぎます。ろうとの先の長いほうをビーカーの内側につけます。

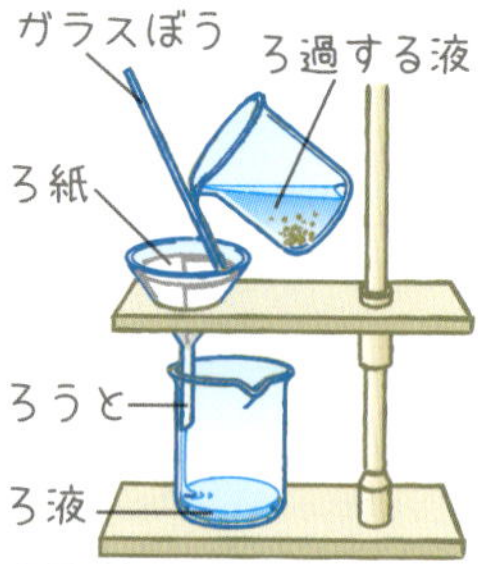

▲ろ過のしかた

寝る前にもう一度

- とかしたもの，冷やしたり，じょう発させると現《あらわ》れる。
- ろうととビーカーぴたっと仲よく。

17. 電磁石の極

□ 月 日
□ 月 日

★今夜おぼえること

☆電流が流れたときだけ、

鉄引きつける。

ダー
電流を流したら、
クリップがいっぱい
飛んできた!!

☾N《エヌ》とS《エス》、入れかえるには、

電流逆《ぎゃく》に。

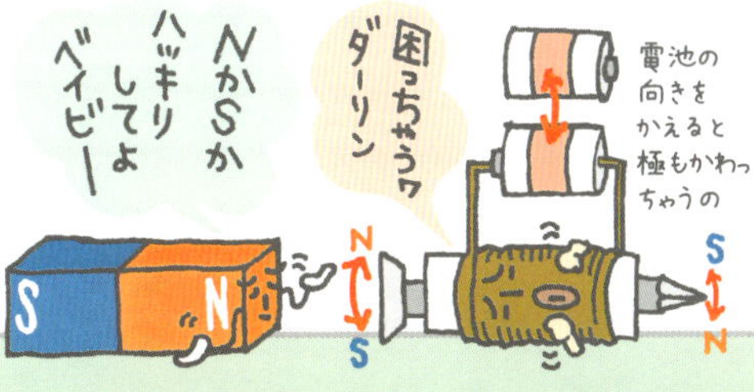

NかSかハッキリしてよベイビー
困っちゃうワダーリン
電池の向きをかえると極もかわっちゃうの
S
N
N
S
S
N

★今夜のおさらい

電磁石《でんじしゃく》は コイル の中に 鉄しん を入れたもので，コイルに 電流が流れたとき だけ鉄しんが 磁石 になり，鉄を引きつけます。

電磁石の両はしには N《エヌ》極 と S《エス》極 があり，コイルに流れる 電流の向きを反対にする と，N極とS極は入れかわります。

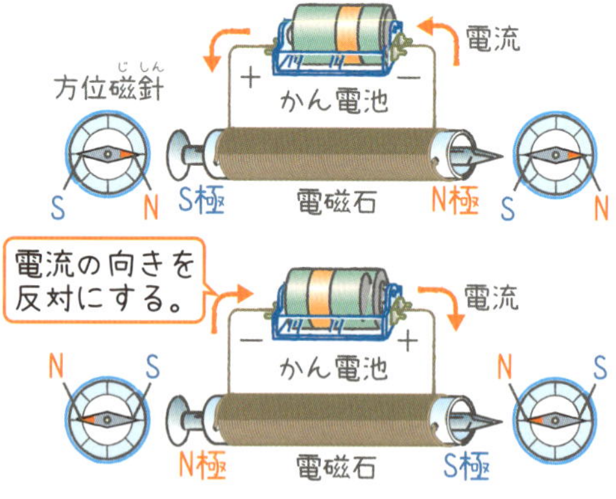

電流
方位磁針《じしん》
+
−
かん電池
S
N
S極
電磁石
N極
S
N
電流の向きを反対にする。
電流
−
+
かん電池
N
S
N
S
N極
電磁石
S極

寝る前にもう一度

- 電流が流れたときだけ，鉄引きつける。
- NとS，入れかえるには，電流逆《ぎゃく》に。

18. 電磁石の強さ

□ 月 日
□ 月 日

★ 今夜おぼえること

電磁石《でんじしゃく》，強くするには，**電流**大きく，**まき数**多く。

スイッチオン・オフで，**鉄**がついたりはなれたり。

★今夜のおさらい

電磁石《でんじしゃく》のコイルのまき数が同じとき、電流が大きいほど、電磁石は強くなります。

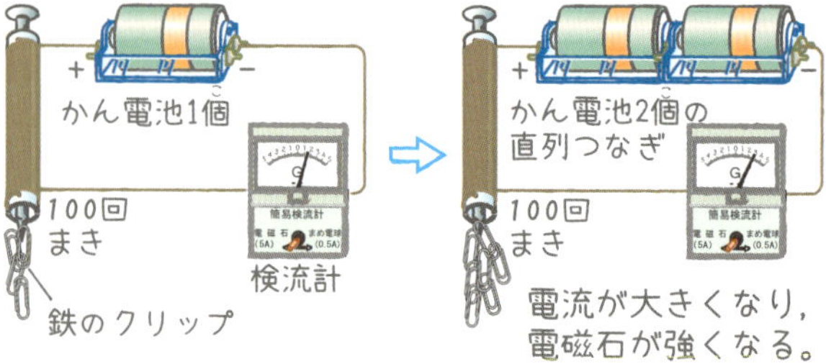

かん電池1個《こ》
100回
まき
鉄のクリップ
検流計
簡易検流計
かん電池2個《こ》の
直列つなぎ
100回
まき
電流が大きくなり，
電磁石が強くなる。

電流の大きさが同じとき、コイルのまき数が多いほど、電磁石は強くなります。

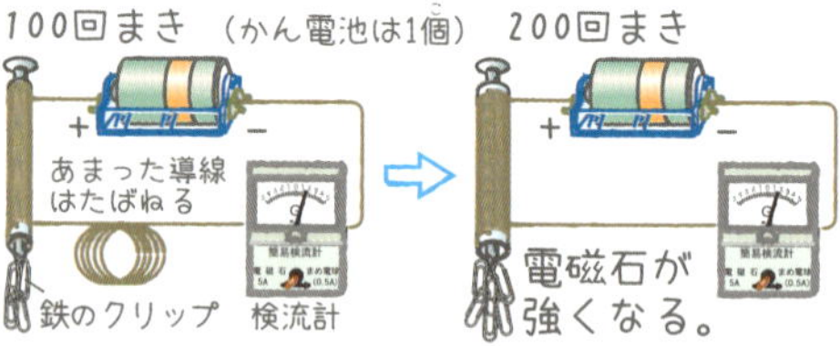

100回まき （かん電池は1個《こ》）
200回まき
あまった導線
はたばねる
鉄のクリップ
検流計
簡易検流計
電磁石が
強くなる。

導線《どうせん》の全体の長さはどちらも同じだよ。

電磁石は、鉄を持ち上げるクレーンやモーターなどに利用されています。

寝る前にもう一度

- 電磁石，強くするには，電流大きく，まき数多く。
- スイッチオン・オフで，鉄がついたりはなれたり。

19. ふりこの決まり

□ 月 日
□ 月 日

★今夜おぼえること

支《し》点《てん》からおもりの中心，ふりこの長さ。

ふりこは，糸などのはしにおもりをつけ，一方のはしを支点として左右にふれるようにしたものだよ。

ふれはばは，角度で表わすよ

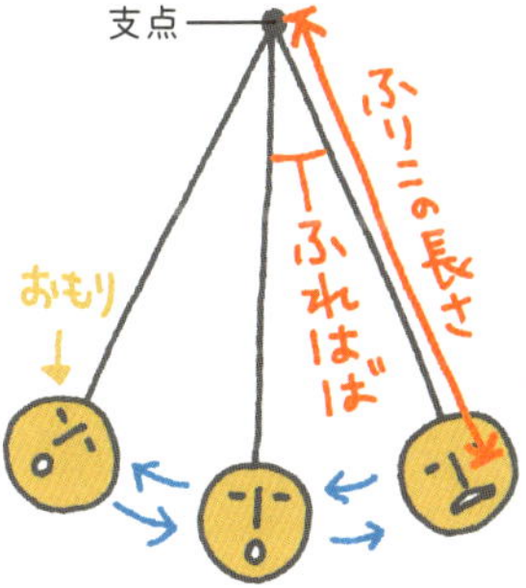

1往《おう》復《ふく》の時間を決める ふりこの長さ。

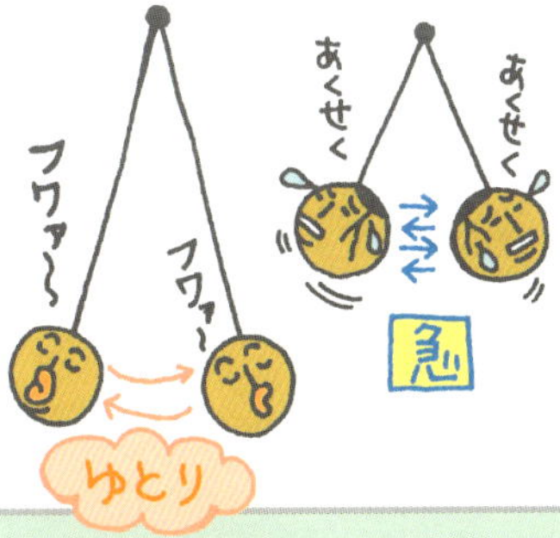

ふりこの長さが長いほど，ふりこの1往復する時間は長くなります。

★今夜のおさらい

ふりこの長さは支点《してん》からおもりの中心までで，糸の長さではありません。ふれはばは角度でなく，右のようにゆれるはば（長さ）で表すこともあります。

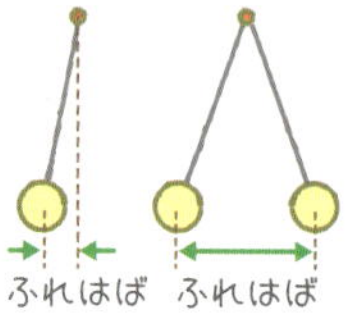

ふりこの1往復《おうふく》する時間は，ふりこの長さによって変わり，おもりの重さやふれはばによって変化しません。ふりこの長さが長いほど，1往復する時間は長くなります。
ふりこの1往復する時間を求めるには，10往復する時間を3～5回はかり，その平均《へいきん》の時間を求めて，10往復する平均の時間÷10　より，1往復する平均の時間を求めます。

平均の時間を求めるのは，実際《じっさい》にかかった時間と測定《そくてい》した時間の差（誤差《ごさ》）を小さくするためだよ。

寝る前にもう一度

- 支点からおもりの中心，ふりこの長さ。
- 1往復の時間を決めるふりこの長さ。

★今夜おぼえること

6大陸のうち，最大はユーラシア大陸。3大洋は，太平洋《たいへいよう》・大西洋《たいせいよう》・インド洋。

6大陸のうち，最小はオーストラリア大陸，3大洋のうち最大は太平洋だよ。

緯《い》度《ど》は南北90度ずつ，経《けい》度《ど》は東西180度ずつ。

緯度は赤《せき》道《どう》を0度，経度は本初《ほんしょ》子《し》午《ご》線《せん》を0度とするよ。

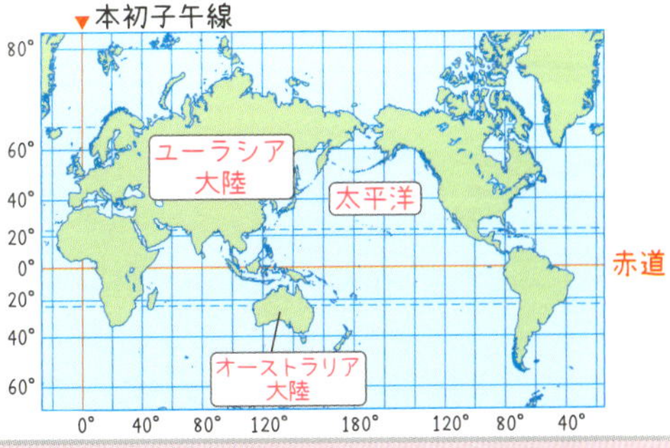

★今夜のおさらい

6大陸は**ユーラシア大陸**・アフリカ大陸・北アメリカ大陸・南アメリカ大陸・オーストラリア大陸・南極《なんきょく》大陸です。3大洋は**太平洋**《たいへいよう》・大西洋《たいせいよう》・インド洋です。

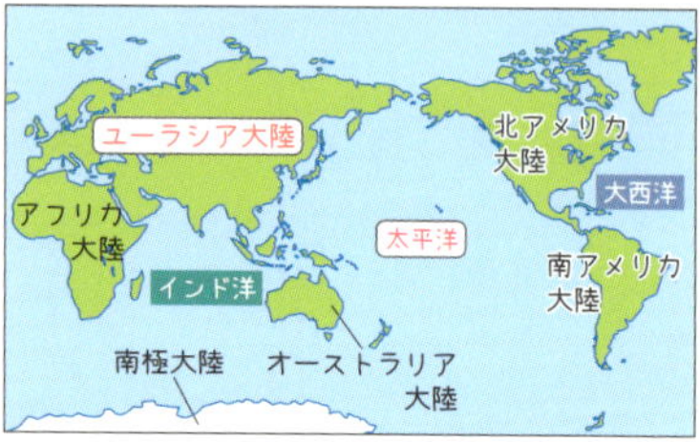

▲6大陸と3大洋

地球上の位置は**緯度**《いど》と**経度**《けいど》によって表せます。同じ緯度の地点を結んだ線を緯線《いせん》，同じ経度の地点を結んだ線を経線《けいせん》といいます。

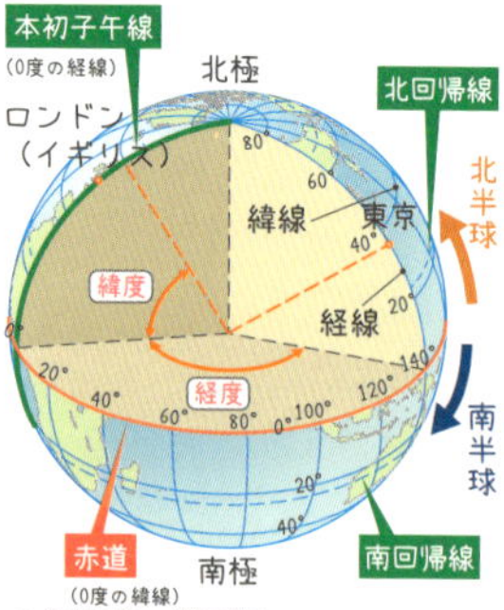

▲緯度と経度

寝る前にもう一度

- 6大陸のうち，最大はユーラシア大陸。3大洋は，太平洋・大西洋・インド洋。
- 緯度は南北90度ずつ，経度は東西180度ずつ。

□ 月 日
□ 月 日

★今夜おぼえること

日本は，北海道《ほっかいどう》，本州《ほんしゅう》，四《し》国《こく》，九州《きゅうしゅう》と，その他の島々。

日本は海に囲まれた島国で，北海道，本州，四国，九州の４つの大きな島と，約6800の小さな島々からなるよ。

ゴロ合わせ 北方領土《ほっぽうりょうど》は，えーと(択捉島)，しこ(色丹島)くな(国後島) わけある まい(歯舞群島)。

北方領土は北《ほっ》海道《かいどう》の北東にあり，択捉島《えとろふとう》，国《くな》後島《しりとう》，色丹島《しこたんとう》，歯舞群島《はぼまいぐんとう》からなるんだ。

社会

★今夜のおさらい

日本はユーラシア大陸の東側にある島国で，北海道《ほっかいどう》，本州《ほんしゅう》，四国《しこく》，九州《きゅうしゅう》の４つの大きな島と，その他約6800の小さな島々からなります。

▲日本の４つの大きな島

北海道の北東にある択捉島《えとろふとう》，国後島《くなしりとう》，色丹島《しこたんとう》，歯舞群島《はぼまいぐんとう》をまとめて北方領土《ほっぽうりょうど》と呼《よ》びます。日本固有《こゆう》の領土《りょうど》ですが，ロシア連邦《れんぽう》がせん領《りょう》しているため，日本は返《へん》かんを求めています。

▲北方領土

寝る前にもう一度

- 日本は，北海道，本州，四国，九州と，その他の島々。
- 北方領土は，えーと（択捉島），しこ（色丹島）くな（国後島）わけある まい（歯舞群島）。

★今夜おぼえること

日本は山地が多い。川は短く，流れが急。

日本は山地が多く，平地が少ない地形をしているよ。なんと国土の約4分の3が山地なんだ。

日本一高い富士山《ふじさん》，日本一長い信濃川《しなのがわ》，日本一広い琵琶《びわ》湖《こ》。

富士山の高さは3776m，信濃川の長さは367km，琵琶湖の面積は670km²だよ。

★今夜のおさらい

日本は国土の約4分の3が山地で，火山が多い国です。また，日本の川は世界の川と比べて，長さが短く，流れが急という特色があります。

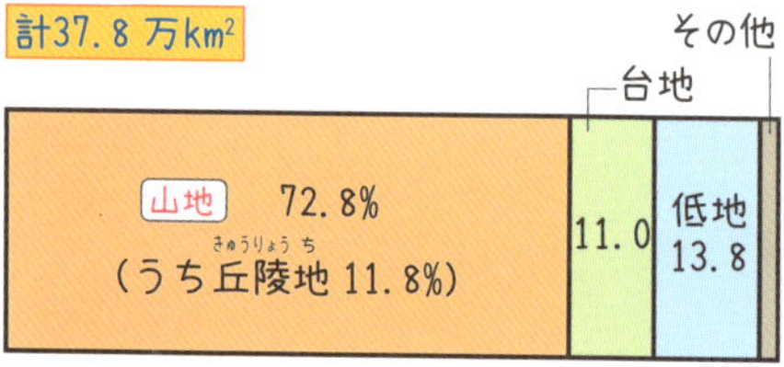

計37.8万km²
その他
台地
山地　72.8%
（うち丘陵地《きゅうりょうち》11.8%）
11.0
低地
13.8

（2013年）　（2014/15年版「日本国勢図会」）

▲日本の地形別面積の割合《わりあい》

日本一高い山は山梨《やまなし》県と静岡《しずおか》県の境《さかい》にある富士山《ふじさん》，日本一長い川は長《なが》野《の》県と新潟《にいがた》県を流れる信濃川《しなのがわ》，日本一広い湖《みずうみ》は滋賀《しが》県にある琵琶湖《びわこ》です。

1位	信濃川	367km
2位	利根《とね》川	322km
3位	石狩《いしかり》川	268km

（平成26年版「理科年表」）

▲日本の長い川ベスト3

寝る前にもう一度

- 日本は山地が多い。川は短く，流れが急。
- 日本一高い富士山，日本一長い信濃川，日本一広い琵琶湖。

★今夜おぼえること

6月から7月に梅雨《つゆ》《ばいう》，夏から秋にかけて台風《たいふう》。

台風は，最大風速が毎秒17.2m以上の熱帯低気圧《ねったいていきあつ》だよ。

太平洋《たいへいよう》側は夏に雨，日本海《にほんかい》側は冬に雪。

それぞれ夏に太平洋側からふく南東の季節風《きせつふう》，冬に大陸側からふく北西の季節風が影響《えいきょう》しているんだよ。

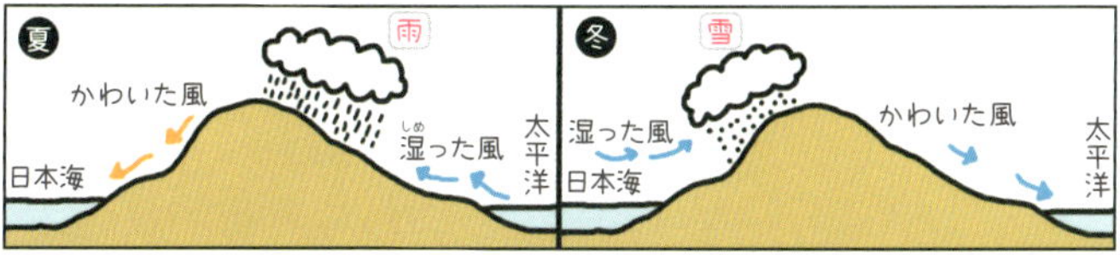

★今夜のおさらい

日本では6月から7月に雨の日が続く梅雨《つゆ》《ばいう》が見られます。夏から秋にかけては，台風《たいふう》が接近《せっきん》し，こう水《ずい》などの被《ひ》害《がい》が出ることがあります。

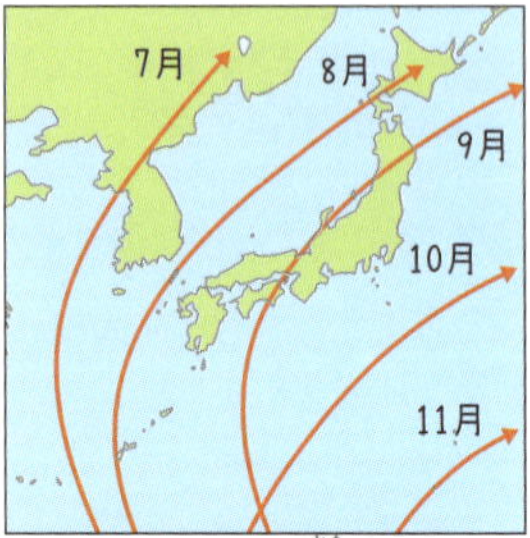

7月
8月
9月
10月
11月

▲月別の台風の主《おも》な進路

太平洋《たいへいよう》側の地域《ちいき》では，夏，南東の季節風の影響《えいきょう》で雨が多くなります。いっぽう，日本海《にほんかい》側の地域では，冬，北西の季節風の影響で雪が多くなります。

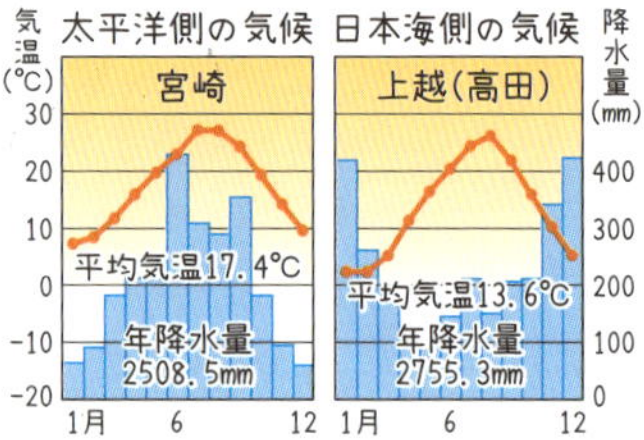

気温(℃)
太平洋側の気候
日本海側の気候
降水量(mm)
宮崎
上越(高田)
30
20
10
0
-10
-20
400
300
200
100
0
平均気温17.4℃
年降水量2508.5mm
平均気温13.6℃
年降水量2755.3mm
1月
6
12
1月
6
12

▲太平洋側と日本海側の都市の気候　（平成26年版「理科年表」）

季節風は，夏と冬でちがう方向からふく風のことだよ。

寝る前にもう一度

- 6月から7月に梅雨，夏から秋にかけて台風。
- 太平洋側は夏に雨，日本海側は冬に雪。

★ 今夜おぼえること

沖縄《おきなわ》県でさとうきびやパイナップル，北海道《ほっかいどう》でじゃがいもやてんさい。

ほかにも，沖縄県ではきく，北海道では大豆《だいず》の栽培《さいばい》もさかんだよ。

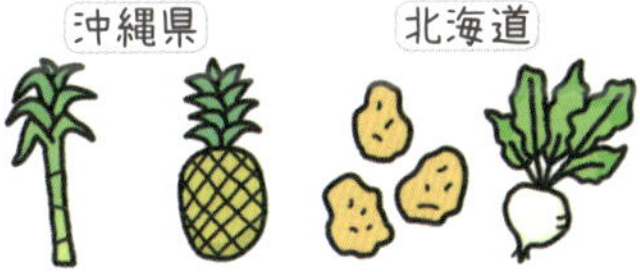

低地は，堤防《ていぼう》や分水路《ぶんすいろ》で水《すい》害対策《がいたいさく》。高地では，高原野菜を栽培。

高地では，夏のすずしい気候をいかして，キャベツやはくさい，レタスなどの高原野菜を栽培しているよ。

社会

★今夜のおさらい

沖縄県《おきなわ》では暖《あたた》かい気候にあったさとうきびやパイナップル，北海道《ほっかいどう》ではすずしい気候にあったじゃがいもやてんさいの栽培《さいばい》がさかんです。

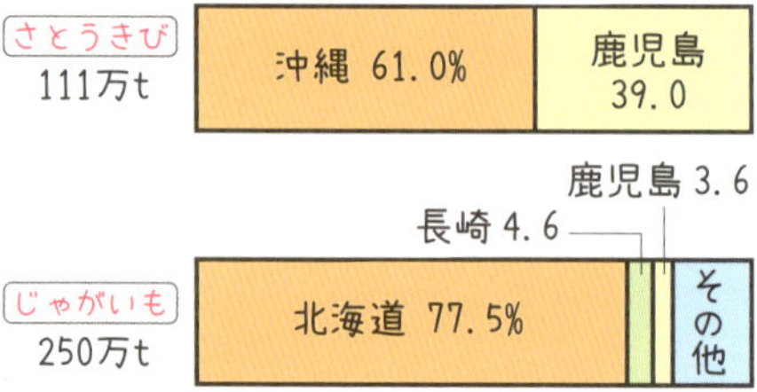

さとうきび
111万t
沖縄 61.0%
鹿児島 39.0
鹿児島 3.6
長崎 4.6
じゃがいも
250万t
北海道 77.5%
その他

(2012年)(2014/15年版「日本国勢図会」ほか)

▲さとうきびとじゃがいもの生産量の都道府県別割合《わりあい》

低地《ていち》ではこう水《ずい》などの水害対策《すいがいたいさく》として，堤防《ていぼう》や分水路《ぶんすいろ》をつくっています。長野《ながの》県などの高地では，高原野菜《こうげんやさい》の栽培がさかんです。

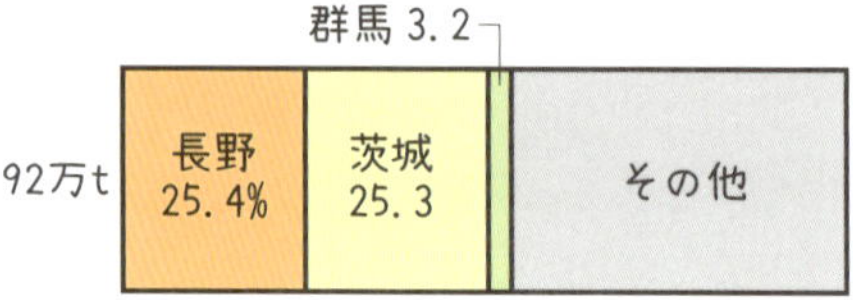

群馬 3.2
92万t
長野 25.4%
茨城 25.3
その他

(2012年)(2014/15年版「日本国勢図会」)

▲はくさいの生産量の都道府県別割合

寝る前にもう一度

- 沖縄県でさとうきびやパイナップル，北海道でじゃがいもやてんさい。
- 低地は，堤防や分水路で水害対策。高地では高原野菜を栽培。

6. 稲作がさかんな地域

□　月　日
□　月　日

★ 今夜おぼえること

稲作《いなさく》がさかんな東北《とうほく》・北陸《ほくりく》・北海道《ほっかいどう》地方。

東北地方と北陸地方は，「日本の米ぐら」と呼《よ》ばれるんだ。

北陸地方は，中部地方の新潟《にいがた》県，富山《とやま》県，石川《いしかわ》県，福井《ふくい》県のことだよ。

田おこし・代《しろ》かきはトラクター，稲《いね》かり・だっ穀《こく》はコンバイン。

田植えのときには，田植え機が使われるよ。

トラクター

コンバイン

★今夜のおさらい

東北《とうほく》地方や北陸《ほくりく》地方，北海道《ほっかいどう》地方で，とくに稲作《いなさく》がさかんです。稲作には大量の水が必要なので，大きな川が流れる越後平野《えちごへいや》（新潟《にいがた》県）や秋田《あきた》平野（秋田県）などでたくさんの米がとれます。

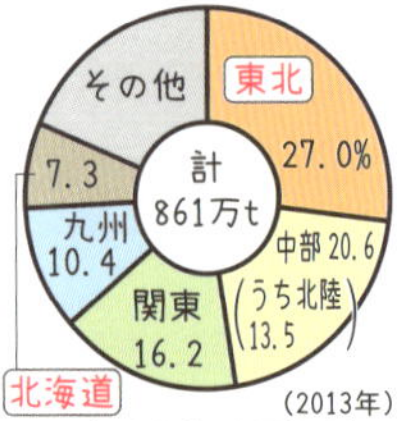

その他
東北
27.0%
7.3
計
861万t
九州
10.4
中部 20.6
（うち北陸
13.5）
関東
16.2
北海道

（2013年）
（2014/15年版「日本国勢図会」）
▲米の生産量の地方別割合《わりあい》

稲作では，田おこしや代《しろ》かきでトラクター，稲《いね》かりやだっ穀《こく》でコンバインが使《つか》われます。機械化が進んだことで，作業時間が減《へ》りました。

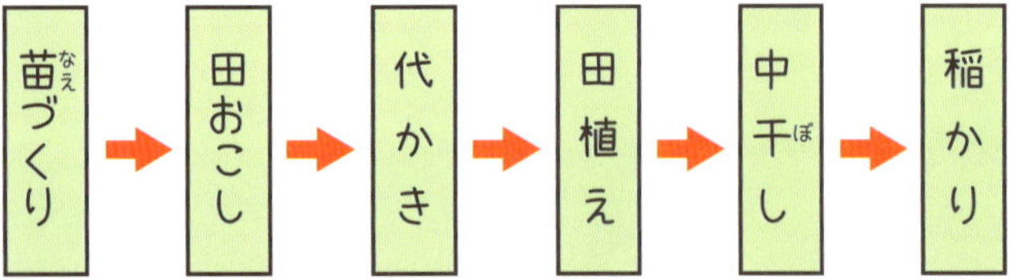

苗《なえ》づくり
田おこし
代かき
田植え
中干《ぼ》し
稲かり

▲稲作の仕事の流れ（主なもの）

寝る前にもう一度

- 稲作がさかんな東北・北陸・北海道地方。
- 田おこし・代かきはトラクター，稲かり・だっ穀はコンバイン。

★今夜おぼえること

早づくりが促成栽培《そくせいさいばい》，おそづくりが抑制《よくせい》栽培。

促成栽培は高知平野《こうちへいや》（高知県）や宮崎《みやざき》平野（宮崎県），抑制栽培は嬬恋村《つまごいむら》（群馬県《ぐんまけん》）などでさかんだよ。

暖《あたた》かい土地でみかん，すずしい土地でりんご。畜産《ちくさん》は広い牧草地などで。

畜産は牛やぶたなどを飼育《しいく》して，肉や乳《ちち》などを生産する農業だよ。

★今夜のおさらい

促成栽培《そくせいさいばい》はほかの地域《ちいき》よりも早い時期に農作物を栽培する方法です。抑制栽培《よくせいさいばい》はほかの地域よりもおそい時期に農作物を栽培する方法です。

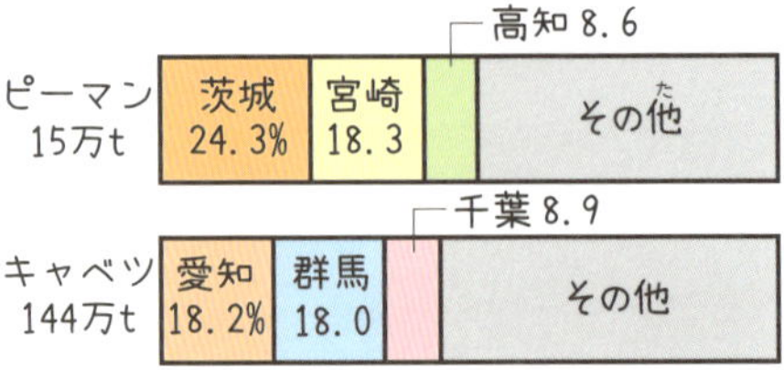

高知 8.6
ピーマン
15万t
茨城
24.3%
宮崎
18.3
その他《た》
千葉 8.9
キャベツ
144万t
愛知
18.2%
群馬
18.0
その他

(2012年)(2014/15年版「日本国勢図会」)

▲ピーマンとキャベツの生産量の都道府県別割合

みかんは和《わ》歌《か》山《やま》県などの暖《あたた》かい土地，りんごは青森《あおもり》県などのすずしい土地で栽培がさかんです。畜産《ちくさん》は，広い牧草地などで行われています。

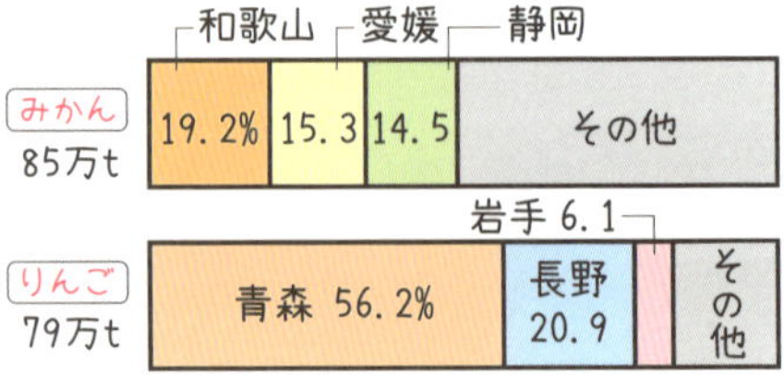

和歌山
愛媛
静岡
みかん
85万t
19.2%
15.3
14.5
その他
岩手 6.1
りんご
79万t
青森 56.2%
長野
20.9
その他

(2012年)(2014/15年版「日本国勢図会」)

▲みかんとりんごの生産量の都道府県別割合

寝る前にもう一度

- 早づくりが促成栽培，おそづくりが抑制栽培。
- 暖かい土地でみかん，すずしい土地でりんご。畜産は広い牧草地などで。

★今夜おぼえること

★★ ゴロ合わせ 魚をとるのは，沿岸《えんがん》でも

（とる漁業）　（沿岸漁業）

沖合《おきあい》でも ええんよう。

（沖合漁業）　（遠洋漁業）

自然で育った魚や貝などをとる沿岸漁業，沖合漁業，遠洋漁業をまとめて「とる漁業」と呼《よ》ぶよ。

☽ 育てる漁業は，放流する栽培《さいばい》漁業と放流しない養殖《ようしょく》漁業。

人の手で育てる期間をへて，魚や貝などをとる養殖漁業や栽培漁業をまとめて「育てる漁業」と呼ぶよ。

養殖漁業

大きくなるまで育てる
（放流はしない）

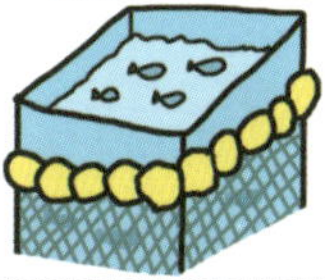

栽培漁業

稚魚《ちぎょ》などを放流する

★今夜のおさらい

陸に近い海域《かいいき》で行う**沿岸《えんがん》漁業**，海岸《かいがん》から80～200kmくらいの海で行う**沖合《おきあい》漁業**，遠くはなれた海で行う**遠洋漁業**をまとめて「とる漁業」と呼《よ》びます。近年，各国の200海里《かいり》水域《すいいき》の設定《せってい》や魚のとりすぎなどで，「とる漁業」の漁かく量は減《へ》っています。

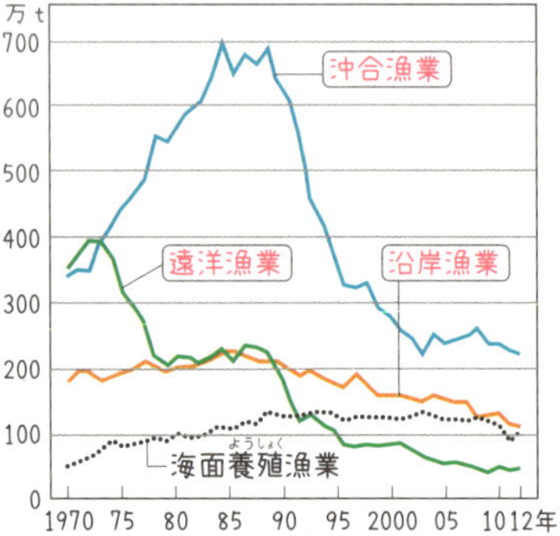

(2014/15年版「日本国勢図会」)

▲漁業種類別漁かく量の変化

「育てる漁業」は，放流せずにしせつの中で魚や貝などを大きくなるまで育てる**養殖《ようしょく》漁業**と，一定期間育てたあとに稚魚《ちぎょ》などを放流し，川や海で成長させてからとる**栽培《さいばい》漁業**があります。

寝る前にもう一度

- 魚をとる《(とる漁業)》のは，沿岸《(沿岸漁業)》でも沖合《(沖合漁業)》でも ええんよう《(遠洋漁業)》。
- 育てる漁業は，放流する栽培漁業と放流しない養殖漁業。

★今夜おぼえること

食料自《じ》給《きゅう》率《りつ》が高い米・野菜，特に低い小麦・大豆《だいず》。

食料自給率が低い農作物は，外国からたくさん輸入《ゆにゅう》しています。

米と野菜は
ほぼ足りてるけど…
小麦と大豆，
日本に売るよ！

地域《ちいき》で生産して，地域で消費する地産地消。

つくった人の顔がわかるので，安心して安全な食べ物を食べることができるんだ。

A町
A町で○○さんがつくった農作物
A町で消費
○○さん

★今夜のおさらい

国内で消費される食料のうち，国内生産でまかなえる食料の割合《わりあい》を**食料自給率《じきゅうりつ》**といいます。食料自給率が高いのは**米**や**野菜**，特に低いのは**小麦**や**大豆《だいず》**です。食料自給率が低い農作物は，外国からたくさん**輸《ゆ》入《にゅう》**しています。

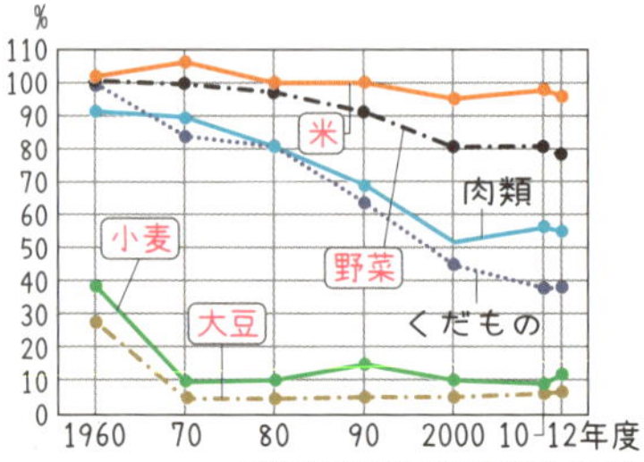

▲日本の食料自給率の変化

地域《ちいき》で生産された農作物などを，その地域で消費することを**地産地消**といいます。輸送《ゆそう》にかかる費用を減《へ》らしたり，地元の産業をもりたてたりすることができます。

近年，地産地消の動きがさかんだね。

寝る前にもう一度

- 食料自給率が高い米・野菜，特に低い小麦・大豆。
- 地域で生産して，地域で消費する地産地消。

★今夜おぼえること

ゴロ合わせ
(プレス)(溶接《ようせつ》)　(塗装《とそう》)
自動車は ぷ よ っ と
組み立て，検査《けんさ》して出荷《しゅっか》。

自動車づくりは「プレス→溶接→塗装→組み立て→検査→出荷」の順《じゅん》で作業が進むよ。

ぷよっ
変な音してない？

関連工場はジャスト・イン・タイム方式で部品《ぶひん》を届《とど》ける。

ジャスト・イン・タイム方式とは，関連工場が自動車工場へ，必要な量の部品を必要な時刻《じこく》に届けるしくみだよ。

時間ぴったり。ありがとう！
ハンドルお届けにあがりましたー。

社会

★今夜のおさらい

自動車づくりは，プレス→溶接《ようせつ》→塗装《とそう》→組み立て→検査《けんさ》→出荷の順で作業が進められます。溶接や塗装などの作業では，ロボットが活《かつ》やくしています。
効率《こうりつ》よく，大量に自動車を生産するために，流れ作業が取り入れられます。

自動車工場からの注文を受けて，ハンドルやシートなどの部品をつくっている工場を関連工場といいます。関連工場は，ジャスト・イン・タイム方式で自動車工場に部品を届《とど》けます。

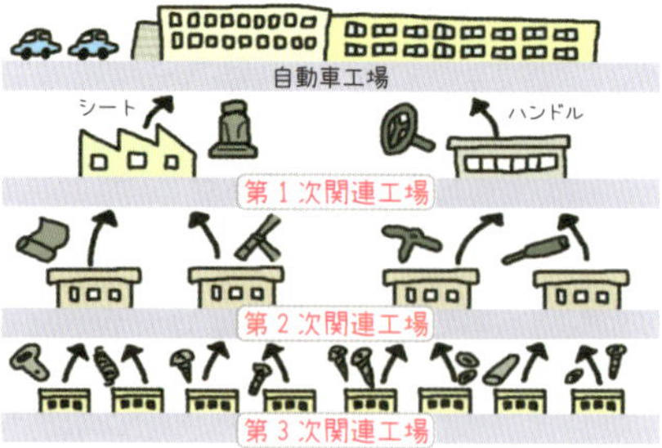

自動車工場
シート
ハンドル
第１次関連工場
第２次関連工場
第３次関連工場

寝る前にもう一度

自動車はぷ《（プレス）》よ《（溶接）》っと《（塗装）》組み立て，検査して出荷。
関連工場はジャスト・イン・タイム方式で部品を届ける。

11. 工業のさかんな地域

□ 月 日
□ 月 日

★今夜おぼえること

太平洋《たいへいよう》ベルトに工業地帯・工業地域が集中。

　太平洋ベルトは，関《かん》東《とう》地方南部から九州《きゅうしゅう》地方北部にかけての海沿《ぞ》いに連なる，工業がさかんな地域だよ。人口も多いんだ。

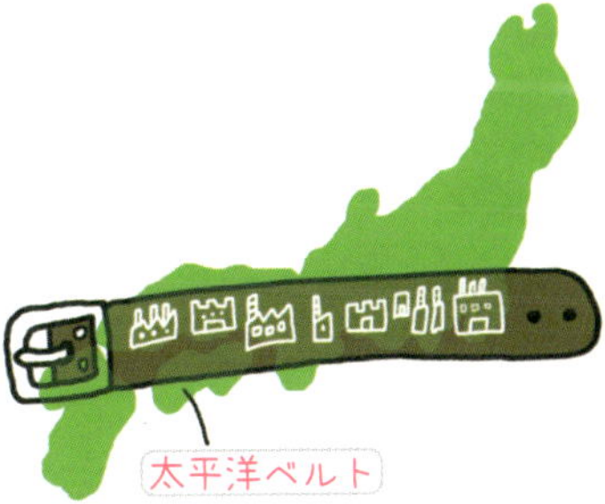

空港の近くや高速道路沿いにIC《アイシー》工場がいっぱい。

　ICは超《ちょう》小《こ》型《がた》の電子《でんし》回路《かいろ》だよ。パソコンなどのさまざまな電子製《せい》品《ひん》に使われ，「産業の米」と呼《よ》ばれるんだ。

★今夜のおさらい

太平洋《たいへいよう》ベルトには工業地帯・工業地域《ちいき》が集中しています。この地域は海に面していて、原料や燃料《ねんりょう》の輸入《ゆにゅう》や、完成した工業製品《せいひん》の輸《ゆ》出《しゅつ》に便利です。

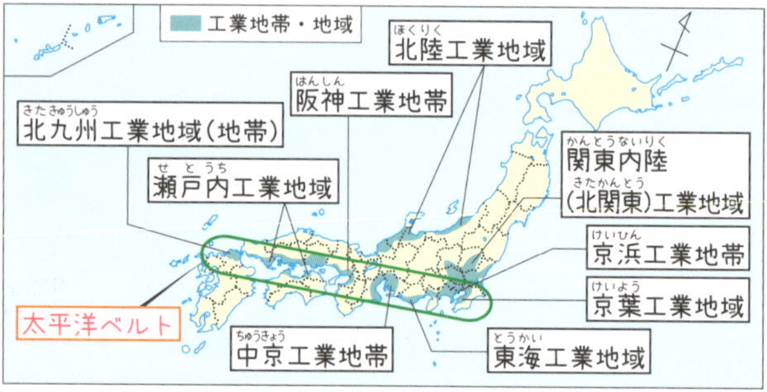

工業地帯・地域
北陸《ほくりく》工業地域
阪神《はんしん》工業地帯
北九州《きたきゅうしゅう》工業地域（地帯）
瀬戸内《せとうち》工業地域
関東内陸《かんとうないりく》
（北関東《きたかんとう》）工業地域
京浜《けいひん》工業地帯
京葉《けいよう》工業地域
太平洋ベルト
中京《ちゅうきょう》工業地帯
東海《とうかい》工業地域

▲日本のおもな工業地帯・地域

IC《アイシー》工場は、空港の近くや高速道路沿《ぞ》いに多く見られます。これはICが小さくて一度にたくさん運べる上に高価《こうか》なので、航空機や高速道路を使っても利益《りえき》が出るからです。

寝る前にもう一度

- 太平洋ベルトに工業地帯・工業地域が集中。
- 空港の近くや高速道路沿いにIC工場がいっぱい。

★今夜おぼえること

⭐重化学工業は金属《きんぞく》，機械，化学工業。

鉄鋼《てっこう》や自動車など比《ひ》かく的《てき》重い製《せい》品《ひん》をつくる**重工業**と，**化学工業**を合わせて**重化学工業**と呼《よ》ぶよ。

重化学工業

🌙軽工業は食料品，せんい，製紙《せいし》・パルプ工業など。

比かく的軽くて，日常で使うような製品をつくる工業が**軽工業**だよ。

軽工業

★今夜のおさらい

金《きん》属《ぞく》，機械，化学工業をまとめて重化学工業と呼《よ》びます。第二次世界大戦後，日本の工業の中心となりました。近年は，電子部品工業などに特に力が注がれています。

食料品，せんい，製《せい》紙《し》・パルプ工業などをまとめて軽工業と呼びます。第二次世界大戦前までは，日本の工業の中心でした。陶《とう》磁《じ》器《き》の食器などをつくるよう業も軽工業です。

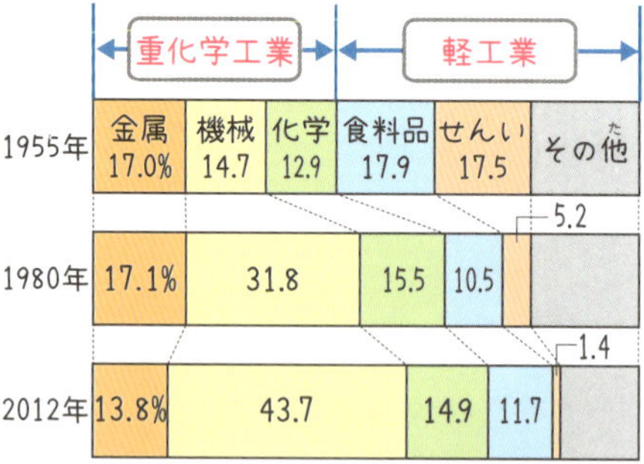

重化学工業
軽工業
1955年
金属 17.0%
機械 14.7
化学 12.9
食料品 17.9
せんい 17.5
その他《た》
5.2
1980年
17.1%
31.8
15.5
10.5
1.4
2012年
13.8%
43.7
14.9
11.7

（2014/15年版「日本国勢図会」ほか）

▲重化学工業と軽工業の工業生産額割合《わりあい》の変化

寝る前にもう一度

- 重化学工業は金属，機械，化学工業。
- 軽工業は食料品，せんい，製紙・パルプ工業など。

13. 日本の工業の特色

□ 月 日
□ 月 日

★今夜おぼえること

海外で現地生産，国内で産業の空《くう》どう化《か》。

アジアなどの国で生産したほうが費用が安いことなどから，現地生産が進んでいるよ。

工場数の9割《わり》以上が中小工場，生産額《せいさんがく》の半分をしめる大工場。

働く人が300人以上なのが大工場，働く人が300人未満なのが中小工場だよ。

★今夜のおさらい

工場を海外に移《うつ》して**現地《げんち》生産**が進み，国内でものをつくる力がおとろえる**産業**の空《くう》どう化《か》が起こっています。国内での**工場の閉《へい》さ**や生産の減少《げんしょう》が見られます。

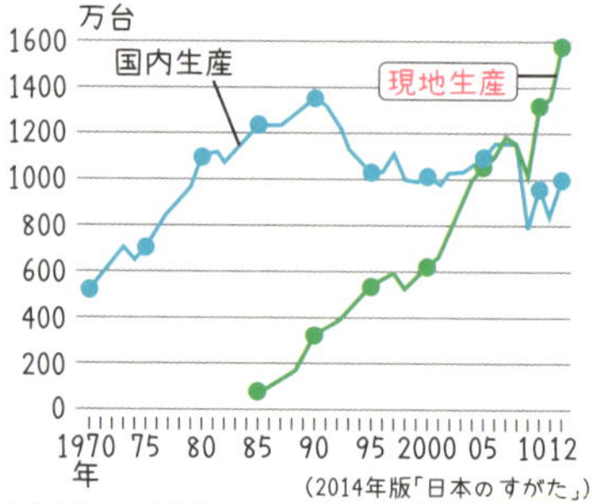

万台
1600
1400
1200
1000
800
600
400
200
0
国内生産
現地生産
1970 75 80 85 90 95 2000 05 1012
年

(2014年版「日本のすがた」)

▲日本の自動車メーカーの国内生産・現地生産

工場数の9割《わり》以上を**中小工場**がしめていますが，生産額《せいさんがく》の半分は**大工場**がしめています。独自《どくじ》のすぐれた技術《ぎじゅつ》をもつ**中小工場**が多くあります。

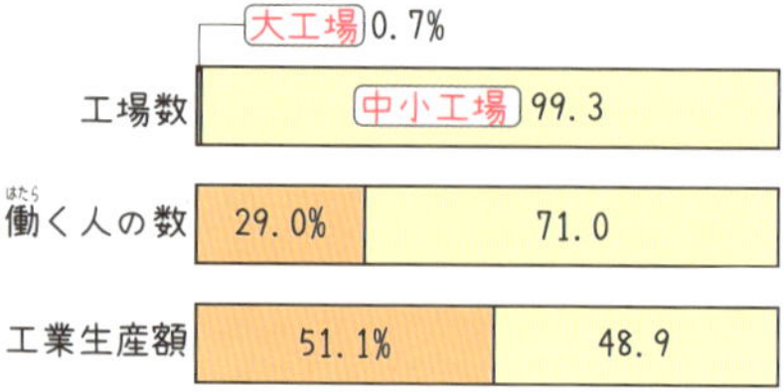

大工場 0.7%
工場数
中小工場 99.3
働《はたら》く人の数
29.0%
71.0
工業生産額
51.1%
48.9

(2012年)(2014/15年版「日本国勢図会」)

▲大工場と中小工場の割合《わりあい》

寝る前にもう一度

- 海外で現地生産，国内で産業の空どう化。
- 工場数の9割以上が中小工場，生産額の半分をしめる大工場。

★今夜おぼえること

日本は機械類や自動車を輸《ゆ》出《しゅつ》，石油や機械類を輸入《ゆにゅう》。

中国《ちゅうごく》をはじめ，アジアの国々《くにぐに》との貿易《ぼうえき》がさかんだよ。アメリカ合衆国《がっしゅうこく》との貿易額《がく》も多いんだ。

輸出品
機械類や自動車
輸入品
原材料や機械類

荷物を箱で運ぶコンテナ船，石油を運ぶタンカー。

コンテナ船は，大きさが統一《とういつ》された箱（コンテナ）に入った荷物を運ぶよ。

海上輸送《ゆそう》の中心
コンテナ船
タンカー

★今夜のおさらい

輸出品《ゆしゅつひん》で多いのは**機械類**や自動車，輸入《ゆにゅう》品《ひん》で多いのは**石油**や**機械類**です。日本は原材料を輸入し製品《せいひん》を輸出する**加工貿易《ぼうえき》**を行ってきましたが，近年は**機械類**の輸入が増《ふ》えました。

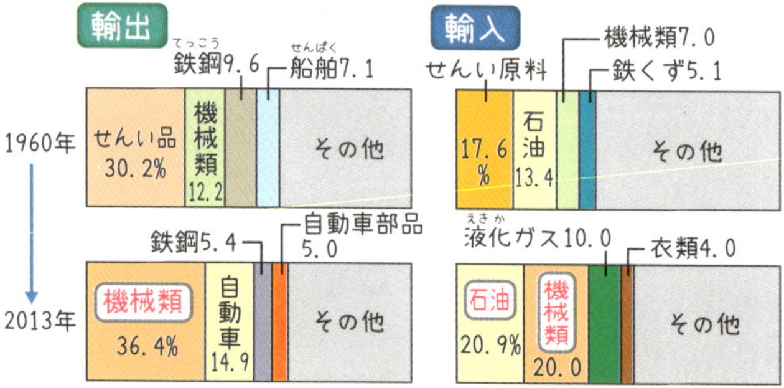

輸出
鉄鋼《てっこう》9.6
船舶《せんぱく》7.1
1960年
せんい品 30.2%
機械類 12.2
その他
鉄鋼5.4
自動車部品 5.0
2013年
機械類 36.4%
自動車 14.9
その他
輸入
機械類7.0
せんい原料
鉄くず5.1
17.6%
石油 13.4
その他
液化《えきか》ガス10.0
衣類4.0
石油 20.9%
機械類 20.0
その他

(2014/15年版「日本国勢図会」)

▲日本の輸出入品の変化

海上輸送《ゆそう》では，荷物を大型の箱で運ぶ**コンテナ船**や，石油を運ぶ**タンカー**が活《かつ》やくします。

日本は，ペルシア湾岸《わんがん》の国々《くにぐに》から石油を多く輸入しているよ。

寝る前にもう一度

- 日本は機械類や自動車を輸出，石油や機械類を輸入。
- 荷物を箱で運ぶコンテナ船，石油を運ぶタンカー。

★今夜おぼえること

マスメディアは新聞・テレビ・ラジオ・雑《ざっ》誌《し》・インターネットなど。

マスメディアが情報を伝えることをマスコミュニケーション，略《りゃく》してマスコミというよ。

マスメディア
週刊

インターネットでウェブサイトや電子メールをチェック。

家にいながら買い物ができるインターネットショッピングも利用されているよ。

アイドル
ジョニーズ
メール
見させてよー。
セールの告知が…
ちょっと
待って。

★今夜のおさらい

一度にたくさんの情報《じょうほう》を伝える方法をマスメディアといい，新聞やテレビ，ラジオや雑《ざっ》誌《し》，インターネットなどがあります。新聞はくり返して読める，テレビは新聞よりも速く伝えることができるなど，それぞれに特色があります。

インターネットは，世界中のコンピューターを結ぶネットワークです。ウェブサイトや電子メールをチェックしたり，インターネットショッピングを利用したりできます。

インターネットの利用者数は，
増え続けているよ。

寝る前にもう一度

- マスメディアは新聞・テレビ・ラジオ・雑誌・インターネットなど。
- インターネットでウェブサイトや電子メールをチェック。

★今夜おぼえること

遠隔《えんかく》医療《いりょう》や防災《ぼうさい》メールを可能《かのう》にした情報《じょうほう》通信《つうしん》技術《ぎじゅつ》。

情報通信技術は，ICT《アイシーティー》とか，IT《アイティー》と呼《よ》ぶこともあるよ。

遠隔医療とは…
離島《りとう》の病院
どうですか？
○○してください。
大きな病院
インターネットで画像《がぞう》を送る。

必要な情報を選び，活用する能力《のうりょく》が，メディアリテラシー。

インターネットなどには，まちがった情報も多いので気をつけよう。

学校のテストなくなる!!
もう勉強しなくていいんだ。やったー！！
そんなわけないだろ…。

★今夜のおさらい

情報《じょうほう》通信技術《ぎじゅつ》が発達して，遠隔《えんかく》医療《いりょう》や防災《ぼうさい》メールの配信が可能《かのう》になりました。情報通信技術とは，コンピューターなどの情報通信機器を使い，情報を集めたり，処理《しょり》したりする技術です。

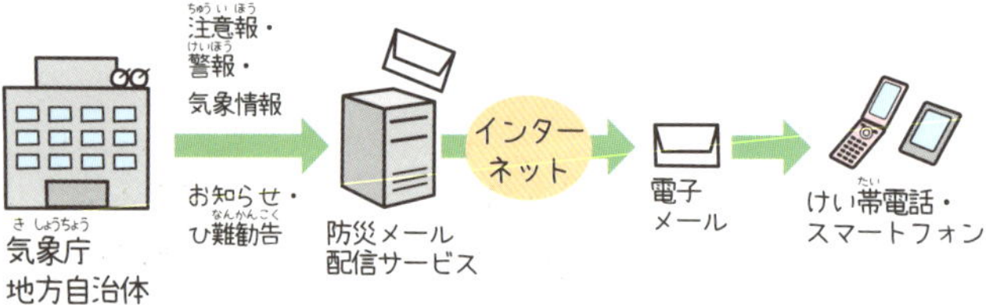

注意報《ちゅういほう》・
警報《けいほう》・
気象情報
お知らせ・
ひ難勧告《なんかんこく》
防災メール
配信サービス
インターネット
電子
メール
けい帯《たい》電話・
スマートフォン
気象庁《きしょうちょう》
地方自治体

▲防災メールがとどくしくみ

情報があふれる情報（化）社会では，自分にとって必要な情報を選び，活用する能力《のうりょく》であるメディアリテラシーを身につけることが重要です。

かたよった情報やまちがった情報もあるから，気をつけよう。

寝る前にもう一度

- 遠隔医療や防災メールを可能にした情報通信技術。
- 必要な情報を選び，活用する能力が，メディアリテラシー。

★今夜おぼえること

ゴロ合わせ 林業では，したうち
(下草がり)(枝打ち)

あかん。
(間ばつ)

林業では，雑草《ざっそう》を取り除《のぞ》く下草《したくさ》がり，余分《よぶん》な枝《えだ》を切る枝打ち，日光がよくあたるように，弱った木を切る間《かん》ばつなどの作業があるよ。

ちっ。下草がり めんどくせぇな。
そんなこと 言うたら あかん！

世界遺産《いさん》の白神山地《しらかみ》にぶなの原生林，屋久島《やくしま》に屋久杉《やくすぎ》。

屋久島の屋久杉の中には，樹齢《じゅれい》数千年ともいわれる縄文杉《じょうもんすぎ》があるよ。

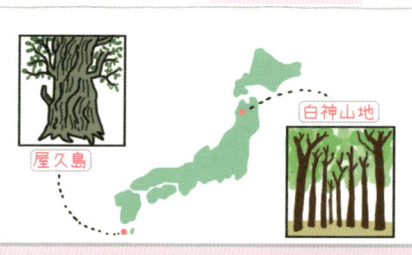

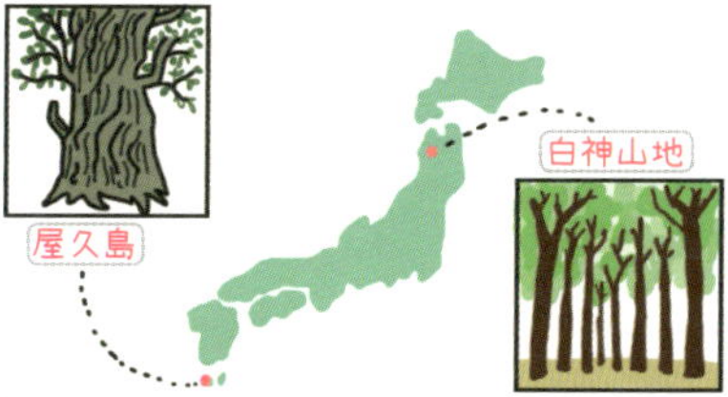
白神山地
屋久島

社会

★今夜のおさらい

林業の主な作業に下草《したくさ》がり，枝打《えだう》ち，間《かん》ばつなどがあります。輸入《ゆにゅう》木材におされて，林業の経営《けいえい》は厳《きび》しくなっています。また，林業で働く若《わか》い人が減《へ》り，高《こう》れい化《か》が進んでいることも問題です。

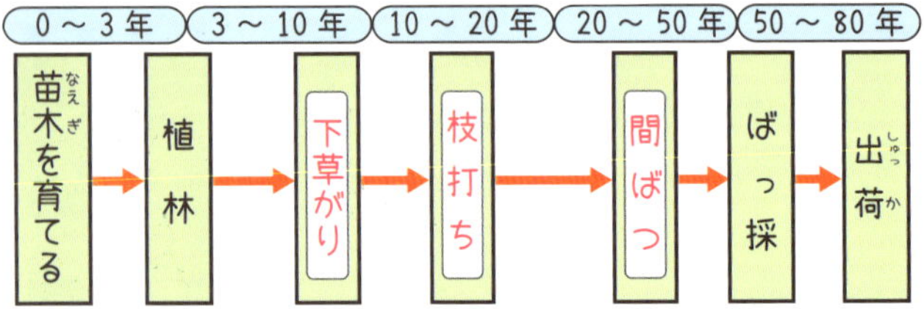

0～3年
3～10年
10～20年
20～50年
50～80年
苗木《なえぎ》を育てる
植林
下草がり
枝打ち
間ばつ
ばっ採
出荷《しゅっか》

▲林業の仕事の流れ（一例）

ぶなの原生林が広がる白神《しらかみ》山地，屋久杉《やくすぎ》がしげる屋久島《やくしま》はどちらも世界自然遺産《いさん》に登録されています。白神山地は青森《あおもり》県と秋田《あきた》県の県境《けんきょう》，屋久島は鹿児島《かごしま》県にあります。

寝る前にもう一度

- 林業では，した（下草がり） うち（枝打ち） あ かん（間ばつ）。
- 世界遺産の白神山地にぶなの原生林，屋久島に屋久杉。

★今夜おぼえること

四大公害病《こうがいびょう》は、水俣病《みなまたびょう》・新潟《にいがた》水俣病・イタイイタイ病・四日市《よっかいち》ぜんそく。

1950年代後半から工業がめざましく発展《はってん》し、各地で公害が発生したよ。

地球温暖化《ちきゅうおんだんか》の原因《げんいん》は、二酸《にさん》化炭素《かたんそ》などの温室効果《おんしつこうか》ガス。

二酸化炭素は、自動車や工場、火力発電所などのはい出《しゅつ》ガスにふくまれているよ。

社会

★今夜のおさらい

日本は1950年代後半から工業が急速に発《はっ》展《てん》しました。それにともない，水俣病《みなまたびょう》・新潟《にいがた》水俣病・イタイイタイ病・四日市《よっかいち》ぜんそくの四大公害病が発生しました。

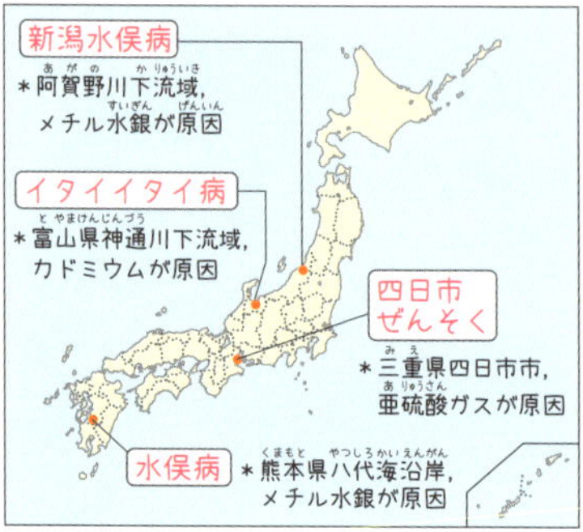

新潟水俣病
＊阿賀野《あがの》川下流域《かりゅういき》，
メチル水銀《すいぎん》が原因《げんいん》
イタイイタイ病
＊富山県神通《とやまけんじんづう》川下流域，
カドミウムが原因
四日市
ぜんそく
＊三重《みえ》県四日市市，
亜硫酸《ありゅうさん》ガスが原因
水俣病
＊熊本《くまもと》県八代海沿岸《やつしろかいえんがん》，
メチル水銀が原因

▲四大公害病の発生地

二酸化炭素《にさんかたんそ》などの温室効果《おんしつこうか》ガスが増《ふ》えることが原因《げんいん》で，地球の平均《へいきん》気温が上がることを地球温暖化《おんだんか》といいます。海水面が上昇し，低い土地は水《すい》ぼつするおそれが出ています。

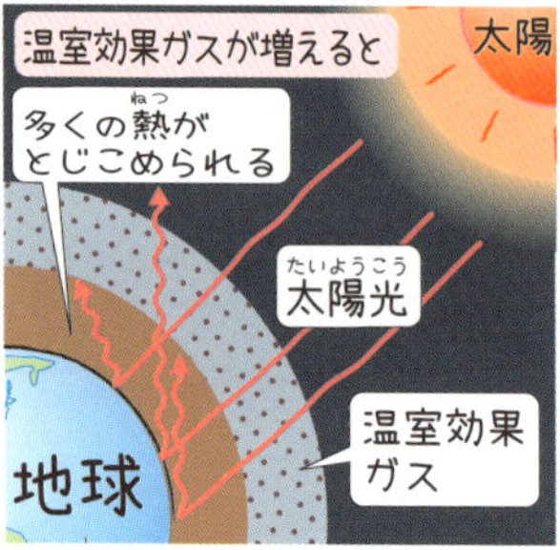

温室効果ガスが増えると
太陽
多くの熱《ねつ》が
とじこめられる
太陽光《たいようこう》
温室効果
ガス
地球

▲地球温暖化のしくみ

寝る前にもう一度

- 四大公害病は，水俣病・新潟水俣病・イタイイタイ病・四日市ぜんそく。
- 地球温暖化の原因は，二酸化炭素などの温室効果ガス。

★今夜おぼえること

1995年に阪神《はんしん》・淡路大震災《あわじだいしんさい》，
2011年に東日本《ひがしにほん》大震災。

阪神・淡路大震災は淡路島の北部，東日本大震災は三陸海岸沖《さんりくかいがんおき》が震《しん》源《げん》だったよ。

阪神・淡路大震災の震源
東日本大震災の震源

災害《さいがい》によるひ害《がい》の予測《よそく》や，
ひ難場所《なんばしょ》を示《しめ》した防災《ぼうさい》マップ。

防災マップはハザードマップともいうよ。防災とは，地震《じしん》などによる災害を防《ふせ》ぐことなんだ。

ここがひ難場所か…
って，うちの小学校じゃん！
防災マップ
避難所
○○小学校

★今夜のおさらい

日本は地震《じしん》が多い国です。1995年には**阪《はん》神《しん》・淡路《あわじ》大震災《だいしんさい》**が，2011年には**東日本大《ひがしにほん》震災**が発生しました。**阪神・淡路大震災**では建物の倒壊《とうかい》や火事，**東日本大震災**では津《つ》波《なみ》により大きなひ害《がい》が出ました。

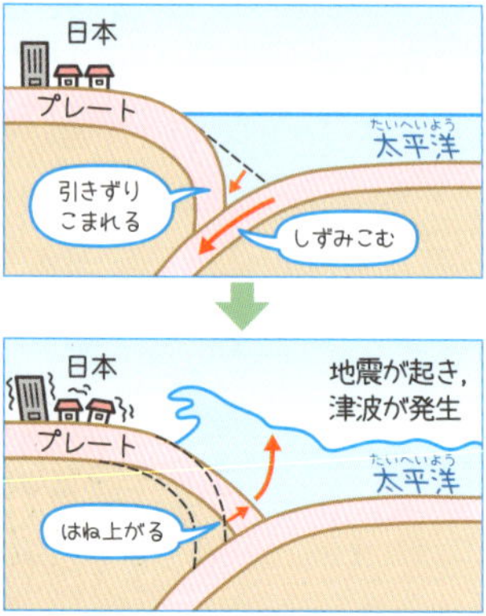
日本
プレート
太平洋《たいへいよう》
引きずりこまれる
しずみこむ
日本
地震が起き，
津波が発生
プレート
太平洋《たいへいよう》
はね上がる
▲プレートの運動で地震が起こるしくみ

地震やこう水《ずい》などの災害《さいがい》が起こった場合にひ害が出そうな地域《ちいき》やひ害の程度《ていど》の予測《よそく》，ひ難場所《なんばしょ》やひ難経路《けいろ》などを示《しめ》した地図を**防災《ぼうさい》マップ（ハザードマップ）**といいます。

都道府県《とどうふけん》や市町村がつくっているよ。

寝る前にもう一度

- 1995年に阪神・淡路大震災，2011年に東日本大震災。
- 災害によるひ害の予測や，ひ難場所を示した防災マップ。

★今夜のおさらい

話し言葉は、言葉だけでなく、表情《ひょうじょう》、声の強弱（大小・高低）、話す速さなどでも気持ちを表すことができます。

話す相手によって、敬語《けいご》を使ったり方言を使ったりもするね。

書き言葉は、見直して書き改めたり、あとからくり返して読んだりすることができます。

話し言葉だとまちがえやすい、同じ発音の言葉も、書き言葉なら区別できるよ。例 市立《しりつ》・私立《しりつ》

寝《ね》る前にもう一度

声《こえ》で伝《つた》える話《はな》し言葉《ことば》。

文字《もじ》で伝《つた》える書《か》き言葉《ことば》。

★今夜おぼえること

☆ 声《こえ》で伝《つた》える

話《はな》し言《こと》葉《ば》。

☾ 文字《もじ》で伝《つた》える

書《か》き言《こと》葉《ば》。

□ 月 日
□ 月 日

★今夜のおさらい

自分の動作を低めて言う言い方がけんじょう語です。「お（ご）〜する」は、その基本《きほん》形《けい》の一つです。

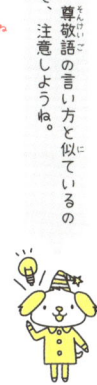

尊敬語《そんけいご》の言い方と似《に》ているので、注意しようね。

相手に対するていねいな言い方がていねい語です。「です」「ます」は文末に付けます。

「ございます」もていねい語だよ。「あちらでございます。」などと使うよ。

寝《ね》る前にもう一度

- わたしは先生《せんせい》にご相談《そうだん》する。
- 「です」「ます」は終《お》わりに付《つ》けるていねい語《ご》。

月　日　月　日

国語

18．敬語《けいご》②（けんじょう語とていねい語）

★今夜おぼえること

わたしは先生《せんせい》にご相談《そうだん》する。

「です」「ます」は、終《お》わりに付《つ》けるていねい語《ご》。

★今夜のおさらい

★相手の人の動作を敬《うやま》って言う言い方が尊敬語《そんけいご》です。「お（ご）～になる」は、その基本形《きほんけい》の一つです。

「お客様が」のように、他の部分も尊敬の言い方にしようね。

☾「めしあがる」は「食べる・飲む」の尊敬語で、特別な言葉です。「お食べ（お飲み）になる」と同じ意味です。

尊敬語の特別な言葉には、他に「おっしゃる（言う）」「いらっしゃる（いる・来る・行く）」などもあるよ。

寝《ね》る前にもう一度

★お客様《きゃくさま》がお話《はな》しになる。

☾校長先生《こうちょうせんせい》が、給食《きゅうしょく》をめしあがる。

★今夜おぼえること

お客様《きゃくさま》が
お話《はな》しになる。

校長先生《こうちょうせんせい》が、
給食《きゅうしょく》をめしあがる。

月 日
月 日

今夜のおさらい

二つ以上の語が組み合わさって、一つの語となったものを複合語《ふくごうご》といいます。

例 折り曲げる

「飛び起きる」や「折り曲げる」は、動きを表す複合語だね。

複合語には、様子を表す語や、物の名前を表す語もあります。

例
様子 ね苦しい
物の名前 たまご焼き

「ね苦しい」は「ねる＋苦しい」の複合語だよ。

寝《ね》る前にもう一度

「飛《と》ぶ」と「起《お》きる」で「飛《と》び起《お》きる」。

「青《あお》い」と「白《しろ》い」で「青白《あおじろ》い」。

16. 複合語《ふくごうご》

月　日
月　日

★今夜おぼえること

「飛《と》ぶ」と「起《お》きる」で「飛《と》び起《お》きる」。

「青《あお》い」と「白《しろ》い」で「青白《あおじろ》い」。

★今夜のおさらい

☆ 和語・漢語・外来語の中には、意味が同じものがあります。

例
望み（和語）
希望（漢語）

写真機（漢語）
カメラ（外来語）

和語は訓読み、漢語は音読みの言葉。外来語はカタカナで表すよ。

☾ 同じ熟語《じゅくご》でも和語か漢語かで、意味がちがうものがあります。

例
初日
はつひ（和語）
しょにち（漢語）

「風車」も和語なら「かざぐるま」、漢語なら「ふうしゃ」だよ。

寝《ね》る前にもう一度

☆ 何《なに》食《た》べる？ 昼飯《ひるめし》？ 昼食《ちゅうしょく》？ ランチ？

☾ なまもの／セイブツ、いろがみ／シキシ。

★今夜おぼえること

★★何《なに》食《た》べる？
昼飯《ひるめし》？ 昼食《ちゅうしょく》？
ランチ？

🌙なまもの／セイブツ、
いろがみ／シキシ。

その言葉全体を特別な読み方で読む言葉があります。

例 昨日《きのう》・今朝《けさ》・景色《けしき》・清水《しみず》・七夕《たなばた》・部屋《へや》

「昨日」は「さくじつ」と読めば、特別な読み方ではないよ。

特別な読み方をする言葉には、漢字とひらがなが交じったものもあります。

例 真っ赤《まっか》・真っ青《まっさお》

「母さん《かあさん》」「父さん《とうさん》」も特別な読み方をする言葉だよ。

寝《ね》る前にもう一度

八百屋《やおや》も果物《くだもの》売《う》ってるよ。

下手《へた》なんだけど手伝《てつだ》うよ。

★今夜おぼえること

八百屋《やおや》も果物《くだもの》売《う》ってるよ。

下手《へた》なんだけど手伝《てつだ》うよ。

月　日
月　日

国語

★今夜のおさらい

音《おん》読みが同じで意味はちがう熟語《じゅくご》を同《どう》音異義語《おんいぎご》といいます。

例

照明《しょうめい》
証明《しょうめい》

交代《こうたい》
後退《こうたい》

同音異義語には、一字が共通するものと、二字ともちがうものとがあるよ。

訓読みが同じで意味はちがう漢字を同《どう》訓異字《くんいじ》といいます。

例

追う
負う

差す
指す

例は、「夢《ゆめ》を追う。／責任《せきにん》を負う。」、「日が差す。／北を指す。」のように使い分けるよ。

寝《ね》る前にもう一度

平日《へいじつ》以外《いがい》は意外《いがい》と元気《げんき》。

お茶《ちゃ》は熱《あつ》い、真夏《まなつ》は暑《あつ》い、本《ほん》は厚《あつ》い。

13. 同じ読みの熟語や漢字

★ 今夜おぼえること

★ 平日以外（へいじついがい）は意外（いがい）と元気（げんき）。

🌙 お茶（ちゃ）は熱（あつ）い、真夏（まなつ）は暑（あつ）い、本（ほん）は厚（あつ）い。

★今夜のおさらい

上の漢字が、下の漢字の様子を説明する組み立てです。

例 休日・好物・室内・勝者・人体・広場

「休みの日」「好きな物」のように、上から下へ読んで意味が通じるよ。

下の漢字が、上の漢字の目的・対象になる組み立てです。

例 開店・読書・登山・乗車・敗戦・発声

下から上へ、「～を…」「～に…」のように読むことができるよ。

寝《ね》る前にもう一度

「南国《なんごく》」は南《みなみ》の国《くに》、「深海《しんかい》」は深《ふか》い海《うみ》。

「消火《しょうか》」は火《ひ》を消《け》す、「着席《ちゃくせき》」は席《せき》に着《つ》く。

月　日　月　日

★今夜おぼえること

「南国《なんごく》」は南《みなみ》の国《くに》、
「深海《しんかい》」は深《ふか》い海《うみ》。

「消火《しょうか》」は火《ひ》を消《け》す、
「着席《ちゃくせき》」は席《せき》に着《つ》く。

★今夜のおさらい

★意味がおたがいに反対（対《つい》）の漢字どうしの組み立てです。

例 遠近・高低・前後・増減《ぞうげん》・損得《そんとく》・明暗

「遠いと近い」「高いと低い」のように、言いかえてみよう。

☾意味がおたがいに似《に》た漢字どうしの組み立てです。

例 絵画・岩石・寒冷・建設《けんせつ》・行進・燃焼《ねんしょう》

「建設」は、「建てる」と「設《もう》ける」だね。

寝《ね》る前にもう一度

★「上下《じょうげ》」は、「上《うえ》⇔下《した》」で反対《はんたい》だ。

☾「学習《がくしゅう》」は、「学《まな》ぶ＝習《なら》う」で似《に》た意味《いみ》だ。

月　日　月　日

★今夜おぼえること

「上下《じょうげ》」は、「上《うえ》⇕《と》下《した》」で反対《はんたい》だ。

「学習《がくしゅう》」は、「学《まな》ぶ＝《と》習《なら》う」で似《に》た意味《いみ》だ。

★今夜のおさらい

☆「歩く」や「早い」のような形の変わる言葉は、原則《げんそく》として形の変わる部分からが送りがなです。

いろいろな言葉に「ない」を付けて、形がどこから変わるか見てみよう。

☽ものの様子を表す言葉で「〜しい」の形のものは、「しい」が送りがなになります。例 美しい

「新しい・険《けわ》しい・親しい・貧《まず》しい」などもそうだね。

寝《ね》る前にもう一度

☆「ない」付《つ》けて、変《か》わるところから送《おく》りがな。

☽「苦《くる》しい」「楽《たの》しい」、「しい」を送《おく》ろう。

★今夜おぼえること

「ない」付《つ》けて、
変《か》わるところから
送《おく》りがな。

あるく
あるかない
「ある」までは変わらない。
↓
歩く

はやい
はやくない
「はや」までは変わらない。
↓
早い

「苦《くる》しい」「楽《たの》しい」、
「しい」を送《おく》ろう。

月　日
月　日

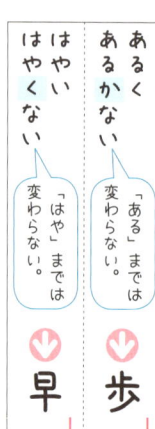

★今夜のおさらい

「覚」には「おぼえる・さます・さめる」の訓があります。送りがなで読み分けましょう。

「さめる」は「夢《ゆめ》から覚める。」のように使われるよ。

「増《ふ》える・増《ま》す」は「増《ぞう》加《か》する」と同じ意味です。「増」には「ふやす」という訓もあります。

「ふやす」は「人数を増やす。」のように使われるね。

寝《ね》る前にもう一度

目《め》を覚《さ》ますと覚《おぼ》えのない顔《かお》。

おやつが増《ふ》えると体重《たいじゅう》が増《ま》す。

月 日 月 日

★今夜おぼえること

★★★ 目《め》を覚《さ》ますと
覚《おぼ》えのない顔《かお》。

🌙 おやつが増《ふ》えると
体重《たいじゅう》が増《ま》す。

国語

★今夜のおさらい

「平」には「ヘイ」・「ビョウ」の音《おん》がありますが、「ビョウ」と読む主な熟語《じゅくご》は、「平等」だけです。

「ヘイ」と読む熟語は、「平地・平原・平行・公平・水平」など、たくさんあるよ。

「興」には「コウ」・「キョウ」の音があります。「おもしろみ」という意味のとき、「キョウ」と読みます。

「キョウ」と読む熟語には、「興《きょう》味《み》・座興《ざきょう》・即興《そっきょう》」などがあるよ。

寝《ね》る前にもう一度

みな平等《びょうどう》でわが家《や》は平和《へいわ》。

お客《きゃく》さん、余《よ》興《きょう》に興奮《こうふん》。

8. いろいろな音《おん》をもつ漢字

★今夜おぼえること

みな平等《びょうどう》で
わが家《や》は平和《へいわ》。

お客《きゃく》さん、
余《よ》興《きょう》に興奮《こうふん》。

国語

□□
月　月
日　日

★今夜のおさらい

会意《かいい》文字は、二つ以上の漢字の意味を組み合わせた、新しい意味の文字です。

例 男・岩・森・鳴・位

右の例の漢字は、どんな意味と意味が組み合わさったのかな？

形声《けいせい》文字は、意味を表す部分と、音《おん》を表す部分を組み合わせた文字です。

例 晴・想・管・議・銅

右の例の漢字は、どの部分が「意味」と「音」に当たるだろう。

寝《ね》る前にもう一度

出会《であ》った意味《いみ》で会意《かいい》文字《もじ》。

意味《いみ》と音《おん》とで形声《けいせい》文字《もじ》。

□ □
月　日
月　日

★今夜おぼえること

出会《であ》った意味《いみ》で会意文字《かいいもじ》。

「林」や「明」は会意文字

木＋木＝林
木が複数《ふくすう》ある。

日＋月＝明
日と月があると、明るい。

意味《いみ》と音《おん》とで形声文字《けいせいもじ》。

「時」や「板」は形声文字

時
「ジ」の音《おん》
「日」の意味

板
「ハン」の音
「木」の意味

★今夜のおさらい

象形《しょうけい》文字は「→→山」のように、物の形に似《に》せてできた文字です。

例 火・手・田・目・馬

「象」には「象《かたど》る」という意味があるんだよ。

指事《しじ》文字は、形に表しにくい事がらを印や記号を使って表した文字です。

例 一・二・三・下・中

「指事」の「事」を、「示」と書きまちがえないようにね。

寝《ね》る前にもう一度

な象《ゾー》る(なぞる)形《かたち》は象形《しょうけい》文字《もじ》。

指《さ》すよ事《こと》がら指事《しじ》文字《もじ》だ。

★今夜おぼえること

なぞる象《ゾー》る（なぞる）形《かたち》は
象形《しょうけい》文字《もじ》。

「山」や「鳥」は象形文字

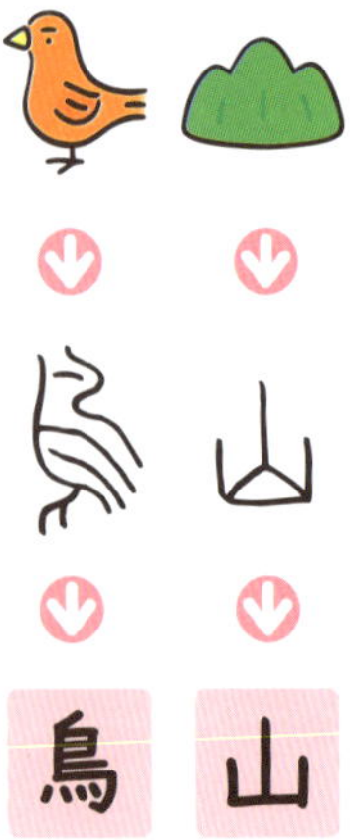

指《さ》すよ事《こと》から
指事《しじ》文字《もじ》だ。

「上」や「本」は指事文字

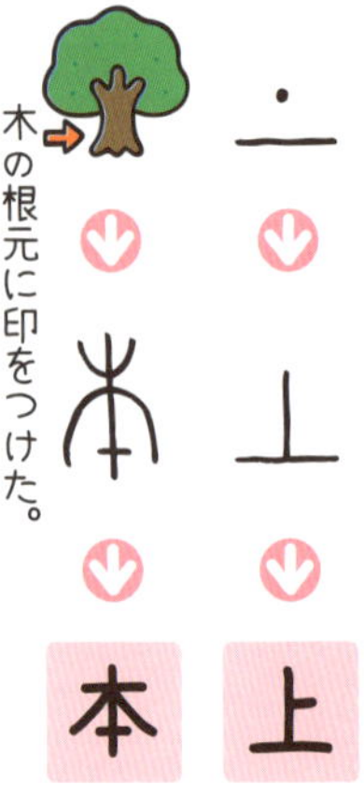

月 日 月 日

混

音 コン
訓 まじる まざる まぜる こむ

・混雑《こんざつ》
・混《こ》む《む》
・米の中に砂《すな》つぶが混じる《まじる》。

「交じる・交ざる・交ぜる」との使い分けに注意しよう。

賛

音 サン
訓 ―

・賛辞《さんじ》
・賛成《さんせい》
・新製品《しんせいひん》が、絶賛《ぜっさん》発売中だ。

「賛」には「①ほめる。②同意する」などの意味があるよ。

寝《ね》る前にもう一度

シ（氵）ずかな日《ひ》に比《くら》べて、今日《きょう》は混雑《こんざつ》。

夫《おっと》と夫《おっと》、貝《かい》を賞賛《しょうさん》。

★今夜おぼえること

シ（氵）ずかな日《ひ》に
比《くら》べて、
今日《きょう》は混《こん》雑《ざつ》。

夫《おっと》と夫《おっと》、貝《かい》を
賞《しょう》賛《さん》。

□月 日
□月 日

★今夜のおさらい

群

音 グン
訓 むれる　むれ　むら

フ ヨ ヨ 尹 君 君 君 君 君 君 群 群 群

・群集《ぐんしゅう》　・群れ《むれ》

・スター選手にファンが群がる《むらがる》。

訓読みは、送りがなに気をつけて読み分けよう。

武

音 ブ　ム
訓 ―

一 二 千 千 正 正 武 武

・武器《ぶき》　・武士《ぶし》

・武者人形《むしゃにんぎょう》をかざる。

最後の1画の点（、）をわすれないようにしてね。

寝《ね》る前にもう一度

君《きみ》の羊《ひつじ》が群《む》れている。

二《に》げて止《と》まり、坂《さか》（乚）ですってん（、）、武《ぶ》士《し》なのに。

月　日
月　日

★今夜おぼえること

君《きみ》の羊《ひつじ》が群《む》れている。

二《に》げて止《と》まり、坂《さか》(㇂)ですってん(、)、武《ぶ》士《し》なのに。

国語

★今夜のおさらい

規

音 キ
訓 —

一 ニ 扌 夫 夫 夫冂 夫冂 規 規 規 規

・規格《きかく》
・新規《しんき》
・不規則《ふきそく》な生活を改める。

「規」の左側の「夫」は、最後の一画を少し短く書こう。

久

音 キュウ
（ク）
訓 ひさしい

ノ ク 久

・永久《えいきゅう》
・久久《ひさびさ》（久々）
・持久力《じきゅうりょく》をつける。

「久」の画数は3画。「ノ」の部分を1画で書くことに注意。

寝《ね》る前にもう一度

夫《おっと》が見《み》るのが規則《きそく》だよ。

クマが坂道《さかみち》（＼）久《ひさ》しぶり。

★今夜おぼえること

☆ 夫《おっと》が見《み》るのが
規《き》則《そく》だよ。

☾ クマが坂道《さかみち》（㇏）
久《ひさ》しぶり。

□ 月 日
□ 月 日

★今夜のおさらい

夢

音 ム
訓 ゆめ

一 十 艹 艹 芇 芇 芇 苎 苎 苎 萝 夢 夢

・夢中《むちゅう》
・初夢《はつゆめ》
・優勝《ゆうしょう》して夢心地《ゆめごこち》になる。

「冖」の部分をはば広く書くと、字の形が整えやすいよ。

格

音 カク（コウ）
訓 ―

一 十 才 木 朩 杉 枚 柊 格 格

・合格《ごうかく》
・資格《しかく》
・あの人は性格《せいかく》が良い。

「格」には「①きまり。②本質《ほんしつ》」などの意味があるよ。

寝《ね》る前にもう一度

サルまど（冖）ごしにワタしに夢中《むちゅう》。

木曜日《もくようび》、各地《かくち》で合格発表《ごうかくはっぴょう》だ。

★今夜おぼえること

サル
まど（罒）ごしに
ワタしに夢《む》中《ちゅう》。

木《もく》曜《よう》日《び》、各《かく》地《ち》で
合《ごう》格《かく》発《はっ》表《ぴょう》だ。

□月　日
□月　日

可

音 カ
訓 —

一 丅 𠮛 𠮛 可

・可能《かのう》
・許可《きょか》
・賛成《さんせい》多数で可決《かけつ》する。

「可」には「①よいとみとめる。②できる」の意味があるよ。

桜

音 （オウ）
訓 さくら

一 十 才 木 木 木 木 桜 桜 桜

・桜色《さくらいろ》
・夜桜《よざくら》
・桜貝《さくらがい》を拾う。

「ツ」を「⺌」と書きまちがえないでね。

寝《ね》る前にもう一度

一口《ひとくち》で丿《ひと》（亅）つは可《か》能《のう》だよ。

木《き》の横《よこ》でツき見《み》る女《おんな》は桜《さくら》好《ず》き。

月　日　月　日

★今夜おぼえること

一口《ひとくち》で1《ひと》（亅）つは
可《か》能《のう》だよ。

木《き》の横《よこ》で
ツき見《み》る女《おんな》は
桜《さくら》好《ず》き。

国語は
こちら側から
始まるよ！

編集協力：上保匡代，有限会社オフサイド，有限会社育文社，野口光伸，斎藤貞夫

表紙・本文デザイン：山本光徳
本文イラスト：山本光徳,ねもときょうこ,おおつかめぐみ,まつながみか,増田あきこ,村山尚子,
カタツモリ
DTP：株式会社明昌堂　　データ管理コード：17-1772-2721（CS5）
図版：木村図芸社，株式会社明昌堂
※赤フィルターの材質は「PET」です。
◆この本は下記のように環境に配慮して製作しました。
・製版フィルムを使用しないCTP方式で印刷しました。
・環境に配慮して作られた紙を使用しています。

寝る前5分 暗記ブック 小5

⑧